Der Kosmos-Katzenführer

KOSMOS NATUR FÜHRER

Dagmar Thies

Der Kosmos-Katzenführer

Ein Bestimmungsbuch mit 87 Farbfotos

Kosmos
Gesellschaft der Naturfreunde
Franckh'sche Verlagshandlung
Stuttgart

Schutzumschlag von Georg Lechler unter Verwendung eines Farbfotos von Hans Reinhard
Das Umschlagbild zeigt zwei junge Orientalisch Kurzhaar-Katzen Rot und Smoke
Mit 87 Farbfotos auf 40 Tafeln
und 55 Zeichnungen von Eva Hohrath (50) und Sigrid Haag (5)
Das Frontispiz zeigt auf 2 Schwarzweißfotos von Burkard Kahl eine Kartäuser- und eine Abessinier-Katze

CIP-Kurztitelaufnahme der Deutschen Bibliothek

Thies, Dagmar
Der Kosmos-Katzenführer : e. Bestimmungsbuch. –
1. – 15. Tsd. – Stuttgart : Franckh, 1977. –
(Kosmos-Naturführer)
ISBN 3-440-04388-6

Franckh'sche Verlagshandlung, W. Keller & Co., Stuttgart / 1977

Printed in Italy / Imprimé en Italie / LH 9 dö / ISBN 3-440-04388-6
Satz: Konrad Triltsch, Graphischer Betrieb, Würzburg
Reproduktion, Druck und Buchbinder: Editoria S. N. C. di G. A. Benvenuto & C., Trento / Italien

Der Kosmos-Katzenführer

Vorwort

Die Hauskatze, der Linné im Jahre 1758 den wissenschaftlichen Namen *Felis catus* verlieh, weist heute etwa dreißig mehr oder weniger unterschiedliche Rassen auf. Das vorliegende Buch dient in erster Linie ihrer Bestimmung und besteht daher in seinem Hauptteil aus der Beschreibung dieser Rassen und der Vielzahl ihrer in aller Welt gezüchteten Varietäten.

Neben einem Überblick über die vielschichtigen Beziehungen zwischen der Hauskatze und ihren wildlebenden Verwandten vermittelt es außerdem einen Einblick in die historischen und biologischen Grundlagen ihrer Rassenbildung, ein Wissensgebiet, das sich uns erst heute allmählich zu erschließen beginnt.

Hiermit danke ich allen, die an der Gestaltung dieses Bandes mitgewirkt haben, ganz besonders Herrn Dr. Robert Gleichauf, Frau Dr. Rosemarie Wolff und Herrn Waldemar Keppler für ihre wertvolle fachliche Beratung. Aufrichtigen Dank auch den Herren Leeman und Balt, Holland, und allen anderen unermüdlichen Fotografen, die wie sie oft seltene Aufnahmen freundlicherweise für die Illustration zur Verfügung stellten.

Möge dieses Buch dazu beitragen, der Katze als Hausgenossen und damit der weltweiten „Cat Fancy“ zahlreiche neue Freunde zu gewinnen!

Dagmar Thies

Stammesgeschichte der Katzen

Ähnlich wie die Geschichte der großen Familie der Hunde (Canidae), konnte auch die lange Ahnenreihe der Echten Katzen (Felidae) unter den gegenwärtigen Raubtieren erforscht und über Jahrmillionen zurückverfolgt werden. Sorgfältige Untersuchungen von Gesteinsschichten der Erdkruste und der darin eingeschlossenen Fossilien ermöglichten diese fundamentalen Erkenntnisse.

In der wissenschaftlichen Systematik der Raubtiere stehen die frühen, marderähnlichen Ahnen der Katzen zunächst in der Ordnung der Alt-Raubtiere oder Miacidae, deren Blütezeit in das Miozän, den mittleren Abschnitt des Tertiärs vor etwa 50 Millionen Jahren fällt. Innerhalb dieser Ordnung werden die Katzenahnen zu den Fleischfressern (Carnivora) gezählt.

Im folgenden Oligozän entwickelten sich allmählich die Unterordnungen der Robbenverwandten (Pinnipedia) und der Landraubtierverwandten (Fissipedia), die man der besseren Übersicht wegen weiter nach gemeinsamen Merkmalen unterteilte; zu den Hundeartigen (Canoidea) zählen die Familien der Hunde (Canidae), Bären (Ursidae), Kleinbären (Procyonidae) und Marder (Mustelidae), zur zweiten Gruppe, den Katzenartigen (Feloidea), die afrikanischen Hyänen (Hyaenidae) und die vor etwa 40 Millionen Jahren entstandenen Schleichkatzen (Viverridae). Die Echten Katzen, die sich vor etwa 35 Millionen Jahren ebenfalls aus ihnen herausbildeten, ergeben zusammen die selbständige Familie der Felidae. Dieser standen die Machairodontidae nahe, denen man die verschiedenen Arten des legendären Säbelzahntigers (Abb. 1) zuordnet.

Abb. 1. Der Säbelzahntiger des Tertiärs stand der Familie der Felidae nahe. Seine oberen Eckzähne erreichten bis zu 18 cm Länge!

Heute wird meist zwischen Großkatzen (Pantherinae) wie Löwe, Tiger, Leopard und Jaguar, Luchsen (Lyncinae), Kleinkatzen (Felinae) und Geparden (Acinonychinae) unterschieden. Dabei sind ihre Differenzierungsmerkmale derart geringfügig, daß man die drei ersten Unterfamilien ihrer Ähnlichkeit wegen zuweilen zusammenfaßt und dazu neigt, nur noch Felinae und Acinonychinae zu trennen.

Nach Haltenorth und Weigel (1961) gliedern sich die Feliden-Unterfamilien insgesamt in etwa 22 Gattungen und 35 Arten. Diese zerfallen häufig wiederum in landschaftlich unterschiedliche (geographische) Unterarten.

Für die exakte Klassifizierung einer Art wird bei systematischen Beschreibungen der Gattungsname vorangestellt. Danach folgt der Artname und an dritter Stelle der Name der Unterart oder Rasse, falls die Art noch weiter aufgegliedert ist. Hinter dem vollständigen Eigennamen, gleichgültig, ob aus zwei oder drei Worten gebildet, kann der Name des Erstbeschreibers mit Jahreszahl stehen (z. B. Felis silvestris lybica FORSTER, 1780).

Familienähnlichkeiten bei Katzen

Der Körperbau der Echten Katzen (Felidae) weist große Übereinstimmung auf. Schon aus dem Skelettvergleich zwischen einem Löwen (Panthera leo) und einer Hauskatze (Abb. 2, 3) geht dies deutlich hervor. Bei beiden sitzt der Kopf auf kräftigem Hals und

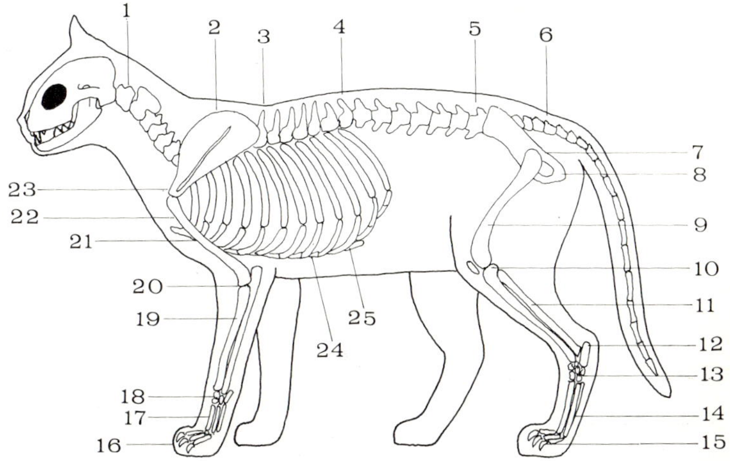

Abb. 2. Skelett der Hauskatze. 1 Halswirbel, 2 Schulterblatt, 3 Brustwirbel, 4 Lendenwirbel, 5 Kreuzbein, 6 Schwanzwirbel, 7 Hüftgelenk, 8 Becken, 9 Oberschenkelknochen, 10 Kniegelenk, 11 Schien- und Wadenbein, 12 Fersenbein, 13 Fußwurzelknochen, 14 Mittelfußknochen, 15 + 16 Zehen, 17 Mittelhandknochen, 18 Handgelenk, 19 Speiche und Elle, 20 Ellbogengelenk, 21 Brustbein, 22 Oberarmknochen, 23 Schultergelenk, 24 Brustkorb, 25 Brustbein.

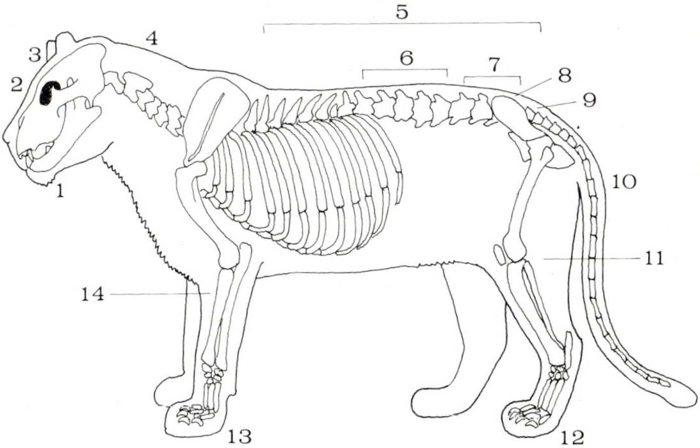

Abb. 3. Skelett des Löwen. 1 Kinn, 2 Stirn, 3 Scheitel, 4 Nacken, 5 Rücken, 6 Lendenpartie, 7 Kruppe, 8 Hüfthöcker (Kreuz), 9 Schwanzansatz, 10 Keulenpartie (Hinterbacken), 11 Hinterbein, 12 Hinterpranke, 13 Vorderpranke, 14 Vorderbein. (Nach Ellenberger, Baum, Dittrich, 1922.)

stimmt in seiner Gesamtform, mit dem ausgeprägten Gehirn- und dem kleinen Gesichtsschädel, im Prinzip überein.
Dank der Geschmeidigkeit ihrer *Wirbelsäule* können Katzen kurze Strecken in enormer Geschwindigkeit zurücklegen. Der Gepard (Acinonyx jubatus) gilt als unser schnellstes Landraubtier.
Typisch ist für Katzen das verkümmerte *Schlüsselbein.* Dies ermöglicht eine extreme Beweglichkeit ihrer Vordergliedmaßen. So sind alle Katzen im Grunde genommen gute Schwimmer, selbst wenn Wasser nicht zu ihrem eigentlichen Lebensraum gehört. Auch im Klettern sind viele von ihnen Spezialisten. Doch müssen sie erst erlernen, wieder von oben herabzusteigen.
Kein anderes Raubtier unserer Erde ist so vorzüglich wie die Katze für seine Aufgabe im Naturhaushalt gerüstet. An ihren Vorderpfoten besitzt sie in der Regel je fünf scharfe *Sichelkrallen,* an den Hinterpfoten je vier. Sie kann diese wertvollen Angriffs- und

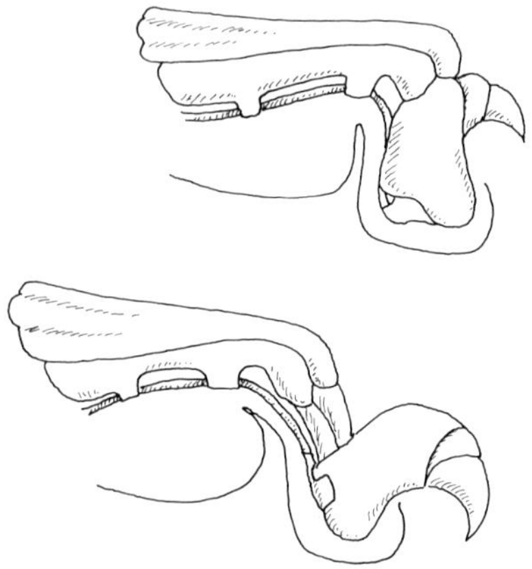

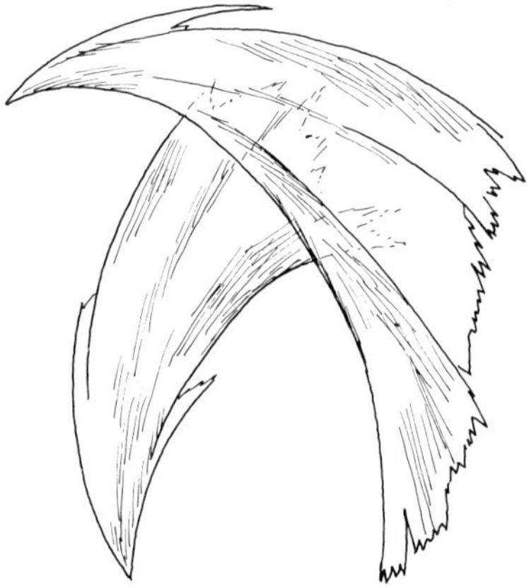

Abb. 4 (links). Katzen können ihre Krallen in Krallenscheiden einziehen, um sie vor Abnutzung zu bewahren; oben eingezogen, unten ausgestreckt. Zehenpolster im Beispiel gut sichtbar!
Abb. 5 (rechts). Unbrauchbar gewordene Krallenhüllen einer Hauskatze. Sie werden am Kratzbaum oder Kratzbrett abgestreift.

Verteidigungsinstrumente mit Hilfe eines elastischen Bänderapparates (Abb. 4) oberhalb ihrer gepolsterten Zehenballen hochkippen und in Krallenscheiden zurückziehen, um sie vor Abnutzung zu bewahren. Der Gepard vermag dies nur in seiner frühen Jugend. Daher nützen sich seine Krallen beim Laufen ab, so daß seine einzigen wirkungsvollen Waffen außer dem Gebiß die scharfen Daumenkrallen sind.
In der Natur schlagen Katzen von Zeit zu Zeit unter wohligem Strecken und Dehnen des Körpers ihre vorderen Krallen in die griffige Rinde eines Baumes, um sie durch kräftiges Ziehen von der unscharf gewordenen äußeren Hornschicht (*Krallenhüllen,* Abb. 5) zu befreien. Dabei tritt eine neue, spitze Waffe zutage. Hauskatzen benötigen zu diesem Zweck einen Kratzbaum im Zimmer. Die Krallen an den Hinterpfoten werden von allen Katzen mit den Zähnen bearbeitet und scharf gehalten. Das Schärfen der Krallen dient zugleich der kätzischen „Seelengymnastik": Katzen führen es aus, um sich in Konfliktsituationen abzureagieren. Es dient somit als „Übersprungshandlung" (Ersatzhandlung) wie das Belecken des Rückenfelles oder „verlegenes" Gähnen. Außerdem drücken Katzen mit dem rhythmischen Spreizen und Einziehen ihrer Krallen („Kneteln"), meist unter behaglichem, entspanntem Schnurren, gleich dem „Milchtritt"

während des Saugens an den mütterlichen Zitzen innerhalb der ersten Lebenswochen, äußerste Zufriedenheit aus.

In Abwehr strecken Katzen – die Ohren angelegt, grollend oder fauchend in Rücken- oder Seitenlage – alle vier Pranken mit ausgespreizten Krallen vor, sobald der angreifende Gegner die instinktmäßig festliegende Fluchtdistanz unterschreitet.

Die eingezogenen Krallen und die weichen *Sohlen- und Zehenballen* (Abb. 6) der Katzen, bei Manul, Nordluchs oder Langhaar-Hauskatzen dicht bepelzt, ermöglichen der Jägerin ein geräuschloses Beschleichen ihrer Beute. Bei Katzen, die Wüstengebiete oder Schneelandschaften bewohnen, verhindern diese Haarpolster außerdem ein Einsinken des Körpers in den Untergrund und bieten Schutz gegen Hitze und Kälte. Nach einem gezielten, zumeist mittels des langen, beweglichen Schwanzes gesteuerten Sprung der „Könner" unter den Katzen folgt nach Erreichen des Bodens das präzise Schlagen mit den Pranken und das kraftvolle Niederwerfen des Opfers. Danach kommt es zum raschen Töten durch bewährten Tötungsbiß. Dieses feste Zubeißen ist ihnen allerdings nicht angeboren, sondern muß erst in der Praxis erprobt und gelernt werden.

Das *Katzengebiß* (Abb. 7) mit seinen großen, nach innen gebogenen Eckzähnen und den genau aufeinander passenden, scharfen Vorderbackenzähnen (Scherengebiß) ist zwar für diese Art des Tötens hervorragend geeignet, ermöglicht jedoch das Abkauen von Nahrung nur von der Seite her. Daher schleppen Katzen, die schwimmend nach Fischen jagen, ihre Beute zum Verzehr an Land. Da Katzen ihren Unterkiefer nicht nach den Seiten bewegen können und die Backenzähne keine Kauflächen, sondern nur schneidende Kauränder haben, findet ein Zermahlen und Einspeicheln der Nahrung nicht statt. Die scharfen Magensäfte des

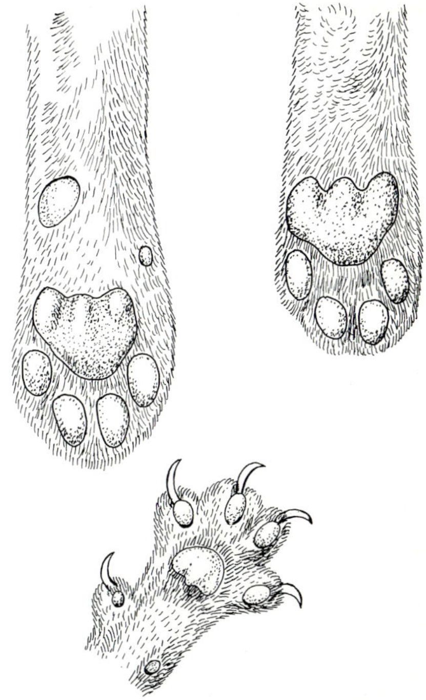

Abb. 6. Die Pranken des Löwen ähneln den Pfötchen der Hauskatze. Links: Vorderpranke; rechts: Hinterpranke; darunter: Katzen-Vorderpfote mit ausgespreizten Krallen.

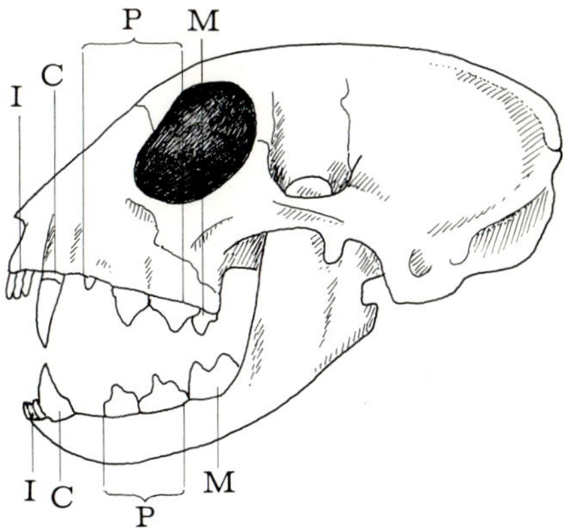

Abb. 7. Schädel und Gebiß der Katze, von der Seite gesehen. M = Molaren (Backenzähne), P = Prämolaren (Vorderbackenzähne), C = Canini (Eckzähne), I = Inzisivi (vordere Schneidezähne).

Raubtieres vollbringen die Verdauungsarbeit allein. Dabei ist der verhältnismäßig kurze, leistungsfähige Darm der Katzen mit drei- bis fünffacher Leibeslänge in erster Linie auf fleischliche Kost eingestellt. Katzen brauchen sehr viel tierisches Eiweiß (Protein), um gesund und widerstandsfähig zu bleiben.
Beim *Nackenbiß* während der Paarung oder beim Tragen von Jungtieren (unter „Beißhemmung") greifen Katzen vorsichtig mit den Eckzähnen. Die kleinen, vorderen Schneidezähne dienen in erster Linie der Fell- und Körperpflege, dem Benagen von Knochen und – zusammen mit der Zunge – dem Anheben von Nahrungsbrocken.
Das *Gebiß* erwachsener Katzen umfaßt insgesamt 30 Zähne (Abb. 7). Manchen Kleinkatzen sowie den Geparden fehlt in jeder Oberkieferhälfte je ein Vorderbackenzahn. Aus 14 Zähnen im Ober- und 12 im Unterkiefer besteht das Milchgebiß von Jungkatzen bis zum Zahnwechsel.
Die lange, kräftige *Zunge* mit den nach hinten gerichteten Hornstacheln besorgt das Abraspeln von Fleischresten an Knochen, dient dem Aufschlecken von Flüssigkeit (Katzen „trinken" nicht wie andere Säugetiere!) und ist „Mehrzweckgerät" beim ausgiebigen Säubern, Striegeln und Massieren des gesamten Körpers. Geschmacksknospen auf Zungenspitzen und -rücken prädestinieren sie zum „Feinschmecker". Beim Putzen verschluckte Haare sowie Fremdkörper und Knochenreste gibt sie nach dem Brechreiz fördernden Genuß rauhkantigen Grases von Zeit zu Zeit von sich.
Nach Petzsch trug das *Zungenbein* (Os hyoideum), ein kleines, hufeisenförmiges Gebilde zwischen Unterkiefer und Kehlkopf, das bei Kleinkatzen gänzlich, bei Großkatzen hingegen nur teilweise verknöchert ist, bislang hauptsächlich zur wissenschaftlichen Unterscheidung dieser beiden Feliden-Unterfamilien bei. Allerdings ist diese Art der Klassifizierung heute heftig umstritten.
Zum *Schnurren*, das offenbar mit dem Kehlkopf erzeugt wird, sind übrigens Großkatzen nicht imstande, während Geparde, Luchse und Kleinkatzen diese Fähigkeit besitzen. Der bis zu 110 kg schwere, 2,50 m lange amerikanische Puma oder Silberlöwe (Puma concolor) sowie der etwa 25 kg wiegende, in Asien lebende Nebelparder (Neofelis nebulosa) verfügen nachweislich wie Kleinkatzen über ein verknöchertes Zungenbein und können schnurren. Deshalb werden sie häufig zwischen Pantherinae und Felinae gestellt und zuweilen „Mittelkatzen" genannt.
Wenn auch bei Katzen der *Geruchssinn* zum Aufspüren ihrer Beute eine untergeordnete Rolle zu spielen scheint, so ist er doch weitaus empfindlicher als der des Menschen. Als Beweise dafür können die kätzischen Eigentümlichkeiten gelten, ihr Revier mit Hilfe von Duftmarken zu kennzeichnen, ihre bewußt abgesetzten Exkremente unter genauer Geruchsprüfung nahezu übertrieben sorgfältig mit den Vorderpfoten zu verscharren, um ihre Anwesenheit nicht zu verraten, und sich durch Nasen- (= Atem-) und Analkontrolle gegenseitig zu identifizieren.
Auch während der Brunst spielt der Geruchssinn neben der oft weittragenden, modulationsreichen Stimme eine hervorragende Rolle, denn er befähigt zur Wahrnehmung des typischen Geschlechtsduftes, den das Sekret der beiden innen in den After mündenden Analbeutel und der Urin des Partners ausströmen. Eigentümlicher Nestgeruch wird durch den Anal-

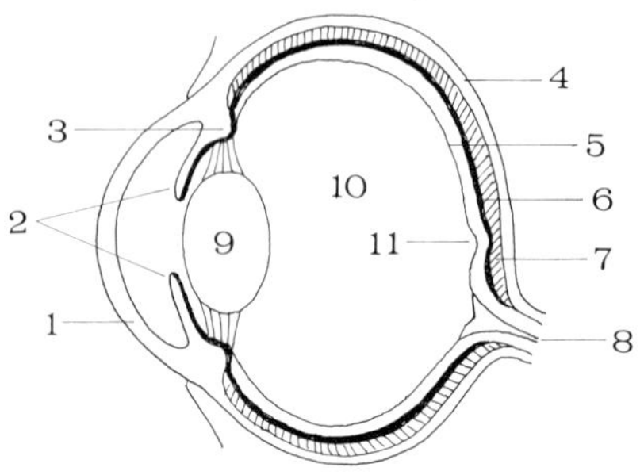

Abb. 8. Schematische Darstellung des Katzenauges. 1 Hornhaut, 2 Iris, 3 Ziliarkörper, 4 Lederhaut, 5 Netzhaut, 6 Pigment-Epithel, 7 Aderhaut, 8 Sehnerv, 9 Linse, 10 Glaskörper, 11 Gelber Fleck.

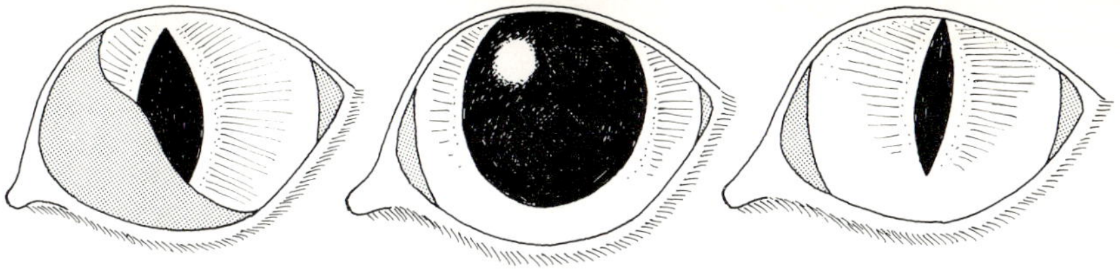

Abb. 9 (links). Die vorgeschobene Nickhaut („drittes Lid") dient dem Schutz vor Verletzungen; sie wird auch bei Müdigkeit oder Krankheit der Katze sichtbar (nach Warner).
Abb. 10 (Mitte und rechts). Die bei Dunkelheit weite Pupille des Katzenauges verengt sich bei Tageshelligkeit bei den einzelnen Katzenarten auf verschiedene Weise. Bei der Hauskatze bildet sich ein schlitzförmiger Verschluß (nach Warner).

duft der Jungen hervorgerufen. Beim Aufspüren derartig „faszinierender" Düfte ist das „Flehmen", bei dem sie die Kiefer leicht öffnen, so daß gerade die Eckzähne sichtbar werden, eine allen Katzen und auch anderen Säugetieren eigene Ausdrucksform.

Lange, reich mit Nervenenden versehene, empfindliche *Tastborsten* (Schnurrhaare) auf den „Schnurrhaarkissen" zu beiden Seiten des Oberkiefers sowie oberhalb der Augen und an der Rückseite der Vorderbeine in Höhe der Fesselgelenke, ermöglichen Katzen auch dann eine Raumorientierung, wenn die Sehkraft bei absoluter Dunkelheit nicht ausreicht.

Wie neueste Forschungen ergaben, ist auch das *Gehör* erwachsener Katzen normalerweise bedeutend feiner als das des Menschen. Geräusche können sie etwa zehnmal rascher erfassen als der Hund. Ihre Ohrmuscheln sind hoch aufgerichtet und innen mit feinen Haaren ausgestattet, die sie zu exakter Geräuschwahrnehmung befähigen. Die Spitzen der Ohrmuscheln sind bei manchen Arten, z. B. dem Luchs und der Rohrkatze, zudem mit längeren oder kürzeren Haarpinseln besetzt.

Katzen können sich vielseitig ausdrücken, da ihre gut entwickelte Gesichtsmuskulatur eine lebendige *Mimik* gestattet. Daneben spiegeln die Schwanzbewegung und die Stellung der Ohren ihre jeweilige Stimmung wider. An ihnen lassen sich schon im voraus ihre Absichten genau ablesen. Lebhaftes Ohrenspiel und zuckendes Schwanzschlagen sind z. B. als Anzeichen äußerster Erregung zu deuten.

Neben dem feinen Hörvermögen und einem ausgeprägten *Gleichgewichtssinn* bilden die *Augen* die empfindlichsten, leistungsfähigsten Sinnesorgane (Abb. 8). Die Sehschärfe des Katzenauges beträgt etwa das Sechsfache derjenigen des menschlichen Auges. Im Falle drohender Verletzung, z. B. durch Zweige oder Prankenhiebe, aber auch bei Krankheit, schiebt sich ein drittes Lid (*Nickhaut,* Abb. 9) bei allen Katzen aus dem inneren Augenwinkel vor die Hornhaut. Diese ist stark gewölbt, so daß sie Gegenstände vergrößert und die Augenfarbe heller erscheinen läßt als bei anderen Tierarten. Relativ riesige Augen besitzen Katzen tropischer Dämmerwälder südlicher Breitengrade.

In Tageshelligkeit verengen sich die im Dämmerlicht weiten, runden Pupillen des Katzenauges auf verschiedene Weise: Die Sehöffnung bei Großkatzen sowie bei Manul und Karakal (Bild 1) bleibt rund, die der amerik. Urwaldkleinkatzen nimmt meist eine ovale Form an; alle übrigen Katzen bekommen bei Tageshelligkeit senkrechte, schmale Sehschlitze (Abb. 10). Wie auch viele andere, nächtlich aktive Tierarten (Hasen, Eulen usw.) verfügen Katzen über eine phosphoreszierende Schicht im Augenhintergrund (Tapetum lucidum). Sie ermöglicht bessere Lichtausnutzung bei Finsternis und bewirkt bei plötzlichem Lichteinfall eine weithin sichtbare, auf Straßen zuweilen lebensrettende Reflexion. Friedfertige Katzen weichen dem Blick eines ihnen vertrauten Menschen gern aus oder erwidern ihn durch blinzelndes Schließen der Augenlider. Untereinander

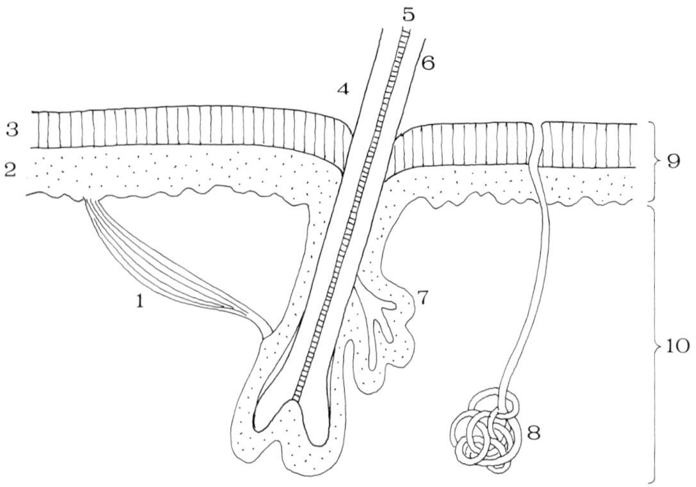

Abb. 11. Schematische Darstellung der Haut. 1 Haarmuskel, 2 Schleimschicht, 3 Hornschicht, 4 Haar, nach hinten gerichtet, 5 Haarmark, 6 Haarrinde, 7 Talgdrüse, 8 Schweißdrüse, 9 Oberhaut, 10 Lederhaut.

bedeutet unverwandtes gegenseitiges Fixieren mit den Blicken Feindseligkeit, Drohung. Daraus kann sich Aggression ergeben, falls nicht der Nachgiebigere der Kontrahenten Gesicht und Körper völlig abwendet und sich unter vorsichtigem Umschauen langsam und „unauffällig" davonschleicht.

Die in Höhlen aufwachsenden hilflosen Jungkatzen (Nesthocker) sind bei Geburt noch blind und taub. Ihre Augen öffnen sich – je nach Art – früher oder später im Verlaufe der ersten Lebenswochen. Erst danach setzt das Hörvermögen ein.

Die *Haut* der Katzen (Abb. 11) weist nur an Sohlen- und Zehenballen Schweißdrüsen auf. Deshalb hecheln sie bei Überhitzung, um ihren Körper abzukühlen. Talgdrüsen befinden sich am Grunde jedes Haares. Ihre Absonderung wird beim Putzen über den Körper verteilt und hält das Haar geschmeidig. Eine Fettschicht entwickelt sich bei jungen Katzen erst einige Wochen nach der Geburt. Daraus erklärt sich ihre große Kälteempfindlichkeit.

Mit Ausnahme des Nasenspiegels (Nasenkuppe), der Zehenballen, des Afters und der Zitzen bedeckt das bei vielen Arten straffe, gleichmäßig ausgebildete *Deckhaar* mit reichlicher, wärmender *Unterwolle* den gesamten Katzenkörper und bewahrt vorzüglich vor Witterungsunbill und Temperaturschwankungen. Besonders wollig ist, als Schutz vor Unterkühlung, das Fell junger Katzen. Männliche Tiere zeigen entweder eine stattliche, imponierende Mähne aus dichtem, langem Fell oder stark behaarte Katerbacken. Diese bieten bei Kämpfen und Streitigkeiten ausgezeichnet Schutz vor Verletzungen durch gegnerische Prankenhiebe. Jedes der nach hinten weisenden Leit- und Grannenhaare, aus denen das Deckhaar besteht, ist an seiner Wurzel mit Nerven und winzigen Muskeln versehen (Abb. 11), so daß es bei Kälte oder in Gemütsbewegung unbewußt aufrecht gestellt, gesträubt werden kann. Besonders ausdrucksvolle Bewegungen zeigen die langen, elastischen Schnurrhaare im Gesicht. Wie bei anderen Säugetieren findet auch bei Katzen ein regelmäßiger, jahreszeitlich bedingter Fellwechsel statt.

Oberflächliche Wunden verheilen unter ständigem Belecken und Säubern mit der rauhen Zunge fast stets ohne ernsthafte Folgen. Ausgerissenes Körperfell wächst in der Re-

gel – wenn auch zuweilen mangelhaft pigmentiert – innerhalb weniger Wochen wieder vollständig nach.
Die *Haarfärbung* wild lebender Katzen richtet sich auf Grund natürlicher Auslese (Selektion) nach der Umwelt, in der sie und ihre Vorfahren leben bzw. lebten. Abweichend gefärbte Artgenossen wie bei den domestizierten Katzen wären zwar theoretisch auch bei ihnen denkbar, könnten sich aber ihrer Auffälligkeit wegen in ihrer natürlichen Umwelt nicht durchsetzen. Daher sind sie in der freien Wildbahn kaum zu finden. Wir kennen lediglich schwarze Exemplare (Schwärzlinge) einiger Arten (z. B. beim Leoparden als Panther, beim Jaguar oder bei den südamerikanischen Kleinkatzen).
Die Jungtiere einiger einfarbiger Katzen (Puma, Jaguarundi, Löwe) besitzen ein geflecktes Nestlingskleid (Jugendfell), das ihnen zu einer besseren Tarnung (=Somatylose, Körperumriß-Auflösung) verhilft.
Wie der Hund verfügen alle Katzen über eine zweihörnige *Gebärmutter* (Uterus bicorna, Abb. 12). Während der Schwangerschaft umgeben die Zotten des Mutterkuchens (Placenta zonaria) wie ein breiter, flacher Gürtel schützend die eiförmige Fruchtblase (Chorionblase). Mittels der Nabelschnur ist der darin schwimmende Embryo mit der Plazenta verbunden. Die Trächtigkeit währt bei den einzelnen Unterfamilien der Katzen verschieden lange. Doch fast immer werden durchschnittlich 4 – 5 lebende Junge geboren. Allerdings bilden auch Einzelkinder keine Ausnahme.
Einige Arten besitzen vier, andere nur zwei teils brust-, teils bauchständige Zitzenpaare. Der *Brutpflegetrieb* aller Katzen ist stark ausgeprägt. Sie betreuen, belehren und beschirmen ihren Nachwuchs bis zu seiner Selbständigkeit. Von einem bestimmten Zeitpunkt an darf sich bei einigen Arten der Kater an Pflege und Aufzucht der Jungen beteiligen (z. B. bei Bengalkatzen).
Als ausgesprochene Raubtiere benötigen Katzen zur Bestreitung ihres Lebensunterhaltes ein ausgedehntes eigenes Jagdgebiet. Meist leben sie, außerhalb der regelmäßigen Brunstzeiten, als Einzelgänger, die ihr Revier ständig mit Duftmarken abgrenzen, es zuweilen auch erbittert gegen Artgenossen verteidigen. Die Ausnahme bildet der gesellige Löwe, der überwiegend in Rudeln lebt und gemeinschaftliche Jagdzüge unternimmt.
Entfällt für Katzen die Nahrungssorge, so sind manche Arten ebenfalls durchaus fähig, friedlich mit ihresgleichen zusammen zu leben. Entgegen weit verbreiteter anderer Meinung können sie dabei selbst ein gewisses Sozialverhalten mit geregelter Rangordnung

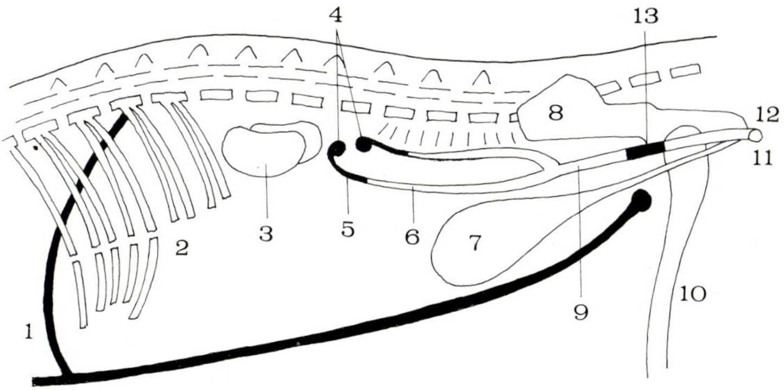

Abb. 12. Katzen besitzen eine Gebärmutter mit zwei „Hörnern". Schematische Darstellung der Unterleibsorgane: 1 Zwerchfell, 2 Rippen, 3 Nieren, 4 Eierstöcke, 5 Eileiter, 6 Gebärmutterhörner, 7 Blase, 8 Becken, 9 Gebärmutterkörper, 10 Oberschenkel, 11 Scheide, 12 Geschlechtsöffnung, 13 Muttermund.

entwickeln (Leyhausen, Lorenz). Voraussetzung ist jedoch, daß ihnen genügend Raum zur Verfügung steht (Fluchtdistanz!), der es ihnen gestattet, sich zuweilen ungestört zurückzuziehen oder Spannungen und Streitigkeiten ungehindert aus dem Wege zu gehen. Zu enge ständige Kontakte hingegen drängen Katzen, ähnlich wie Menschen in vergleichbar „auswegloser" Lage, in gesundheitsgefährdende Streß-Situationen.

Verwandte und Vorfahren der Hauskatze

Wildkatzen unter Naturschutz

Sämtliche beschriebenen wilden Kleinkatzenarten waren bislang aus verschiedenen, meist kommerziellen Gründen ständiger Bedrohung und Verfolgung durch den Menschen ausgesetzt. Dadurch ging ihr Bestand in ihren Ursprungsgebieten, in denen sie eine wichtige Rolle im Naturhaushalt spielen, beängstigend zurück.
Nach auf internationaler Ebene einmütig angenommenen Beschlüssen (Washingtoner Artenschutzkonvention, 1973) gelten heute strenge Schutzmaßnahmen, die den Handel mit den meisten Arten untersagen oder stark einschränken. Viele einsichtige Regierungen, darunter auch die der Bundesrepublik Deutschland, stellen daher jeden Import in ihre Staaten unter Strafe.
Damit verbietet sich die ohnehin problematische und äußerst schwierige Haltung aller Wildkatzen in menschlicher Obhut von selbst. Sie sollte ausschließlich Aufgabe qualifizierter zoologischer Gärten sein, die ihre Tierhaltung an den natürlichen Bedürfnissen der Wildtiere orientieren. Zur Zeit ist leider ihre Betreuung und Unterbringung nicht in allen Tierparks optimal. Nur zu oft sind sie in zu kleinen, kahlen Käfigen ohne ausreichende Bewegungs- und Versteckmöglichkeiten untergebracht. So brauchen z. B. im dichten Unterholz lebende Arten ein mit Büschen bewachsenes, Sichtschutz gewährendes Freigehege, und Baumbewohner ein Gelände mit zweckmäßigen Kletterbäumen und erhöhten Sitzplätzen; Wüstenbewohner stellen außerdem besondere Anforderungen an die klimatischen Verhältnisse ihrer Umwelt, die denen ihrer natürlichen Lebensräume gleichen müssen.
Nur in wenigen, wissenschaftlich geleiteten Spezialstationen, die u. a. auch der Erforschung der Lebensgewohnheiten zur Erhaltung der in Freiheit vom Aussterben bedrohten Wildkatzenarten dienen, kann daher ihre – möglichst halbfreie – Haltung toleriert werden.
Der folgenden kurzen und keineswegs erschöpfenden alphabetischen Zusammenfassung von Kleinkatzenarten aller Kontinente – außer Australien, das keinen eigenen Wildkatzenbestand entwickelt hat – wurde in erster Linie die von Professor Petzsch † verwendete Nomenklatur zugrunde gelegt, da sie die bislang klarste Übersicht bietet.

Luchse und Kleinkatzen aus aller Welt

Unterfamilie Luchse (Lyncinae)

Die Gattung **Lynx** umfaßt mehrere, auch geographisch unterschiedene Arten. Der in Südwesteuropa heimische, deutlich gefleckte *Pardelluchs* (Lynx lynx pardina TEMMINCK, 1924) bildet dabei eine Unterart des kräftigeren *Nordluchses* (Lynx lynx LINNÉ, 1758), zu dessen Verbreitungsgebiet früher auch West- und Mitteleuropa gehörten. Heute ist dieses um 40 kg schwere und mit seinem kurzen, stumpfen Schwanz bis zu

110 cm lange, größte einheimische Raubtier (Bild 6) in Deutschland fast ausgestorben. Bei allen Luchsen fallen die stark behaarten Backen und die langen, dunklen Haarpinsel an den aufrechten Ohren auf. Der Nordluchs ist scheu und lebt zurückgezogen. Seine Beute besteht aus verschiedenartigen Säugetieren bis zu Reh- und Junghirschgröße. Auch stellt er allen in sein Revier eingedrungenen Wild- und verwilderten Hauskatzen nach. In seinem Verbreitungsgebiet sorgt er für die notwendige Regulierung der Wildbestände.

Im Norden Nordamerikas wird der Nordluchs als *Kanadaluchs* bezeichnet. Neben ihm lebt im Süden Nordamerikas der leicht getupfte *Rotluchs*, auch *Bobcat* genannt (Lynx rufus SCHREBER, 1777). Er bildet eine selbständige Art, die sich stammesgeschichtlich schon früh vom Nordluchs trennte.

Der einfarbige *Karakal* (Lynx oder Caracal caracal SCHREBER, 1776, Bild 1), mit überlangen Haarpinseln an den Ohrspitzen, bewohnt neben zahlreichen Unterarten als Wüstenluchs ganz Afrika bis nach Vorderasien.

Die Gattung **Otocolobus** besteht aus einer einzigen Art mit landschaftlich bedingten Farbverschiedenheiten, dem *Manul* oder der *Pallaskatze* (Otocolobus manul PALLAS, 1776, Bild 5). Der Manul lebt in hochgelegenen Wüstengebieten von Tibet bis zum Kaspischen Meer. Wegen seines etwa 6 cm langen, dichten Haarkleides und seiner zur Anpassung an seine unwirtliche, oftmals schneereiche Umwelt dicken, filzartigen Sohlenhaarpolster hielt man ihn eine Zeitlang für den Urahn der Langhaar-Hauskatzen. Doch diese These erwies sich nach näheren Untersuchungen als unzutreffend.

Je nach Alter variiert die Färbung des Manuls zwischen hellem Gelborange und blassem Graugelb, manchmal mit leichtem Silberschimmer und stärker oder schwächer ausgeprägter Streifung des Rückens. Seine schwach getüpfelte Unterseite erscheint weiß bis gelblich. Sein buschiger Schwanz, dessen Länge etwa ein Viertel der Gesamtkörperlänge von 70 – 100 cm ausmacht, ist dunkel beringt mit dunklem, abgerundetem Ende und erinnert an den der Europäischen Waldwildkatze. Der breit wirkende, flache Kopf mit den weit seitlich gesetzten, fast unbeweglich scheinenden kleinen Ohren zeigt ein kontrastreiches Streifenmuster. Der Manul bewohnt Höhlen und Felsspalten. Über seine Fortpflanzungsweise herrscht noch immer Unklarheit. Nach Aussagen einheimischer Beobachter ähneln seine tiefen, rauhen Paarungsrufe denen des Luchses. Wegen seiner Anfälligkeit für Erkältungserkrankungen, die für alle Bewohner extremer Wüstengebiete in unseren feuchten Klimaverhältnissen typisch ist, überlebt der außerordentlich scheue Manul in Gefangenschaft meist nur kurze Zeit.

Unterfamilie Kleinkatzen (Felinae)

Die Gattung **Felis** umfaßt nach moderneren Auffassungen nicht allein Kleinkatzen, sondern auch Arten, die früher anderen Gattungen zugeordnet wurden. Demnach gehören der einfarbige, auf dem amerikanischen Kontinent heimische *Puma* oder *Silberlöwe* (Puma bzw. Felis concolor, Bild 8 im Jugendkleid, Bild 9 erwachsen) neuerdings ebenso dazu wie der hochbeinige, luchsähnliche afrikanische *Serval* (Leptailurus bzw. Felis serval, Bild 2).

Die *Rohrkatze* (Felis chaus GÜLDENSTEDT, 1776, Bild 4) hingegen, wegen ihrer auffallenden Ohrpinsel, des hohen Körperbaues und ihres kurzen Schwanzes früher allgemein Sumpfluchs genannt, zählte man schon immer zur Gattung Felis. Ihr Verbreitungsgebiet erstreckt sich von Nordafrika bis Thailand. Sie erreicht von der Nasen- bis zur Schwanzspitze eine Gesamtlänge von 75 – 125 cm. Da Kreuzungsversuche mit Hauskatzen erfolgreich verliefen, vermutete man lange Zeit, sie könne zur Bildung der Hauskatzenrasse der Abessinier beigetragen haben. Auch die Fortpflanzungsfähigkeit von Hybriden der Hauskatze mit der afrikanischen *Schwarzfußkatze* (Felis nigripes

Burchelle, 1822) ließ sich in den vergangenen Jahren einwandfrei belegen (Leyhausen). Diese zwerghafte, von der Nasen- bis zur Schwanzspitze nur etwa 50 – 60 cm große Wüstenkatze besitzt die kräftige, tragende Stimme aller Bewohner ausgedehnter, weiter Ebenen. Sie zeigt sich ebenfalls gegen die bei uns herrschenden Feuchtigkeitsgrade äußerst empfindlich und läßt sich daher in Gefangenschaft nur schwer am Leben erhalten. Von Kreuzungsversuchen zwischen Hauskatzen und der vorderasiatischen *Gobi-* oder *Graukatze* (Felis bieti Milne-Edwards, 1892) sowie der breitköpfigen, mit „Filzpantoffeln" ausgestatteten *Wüsten-* oder *Sandkatze* (Felis margarita Loche, 1858) wurde bislang nichts bekannt. Ihre Unterart Felis margarita thinobia, die *Sicheldünen-* oder *Barchankatze*, wird hingegen von manchen Forschern als Mit-Urahn der zweifellos aus dem Osten stammenden Langhaar-Hauskatzen angesehen.

Zur Großart Felis silvestris, die innerhalb der Gattung Felis eine besonders reiche Vielfalt aufweist, gehören u. a. auch die unmittelbaren Vorfahren der Hauskatze. Man unterteilt sie, je nach Verbreitungsgebiet, in drei große Gruppen:

1. Die Gruppe der Waldwildkatzen, unter ihnen die *Europäische Waldwildkatze* (Felis silvestris silvestris Schreber, 1777, Bild 7), bewohnt alle zusammenhängenden größeren Waldgebiete Europas bis zur Sowjetunion. In den letzten Jahren wurde sie auch in der Bundesrepublik häufiger gesichtet. Ihr buschiger, dunkel beringter, stumpf endender Schwanz bildet ein auffallendes Unterscheidungsmerkmal gegenüber der Hauskatze. Ihr stämmiger Körper ist zur wirksamen Tarnung unklar und verschwommen gestreift. Sie lebt zurückgezogen. Nur einmal jährlich bringt die Kätzin nach geräuschvoller Hochzeit in Höhlen oder dichtem Unterholz ihre kräftig gemusterten Jungen zur Welt. Sie öffnen mit 9 – 11 Tagen die Augen und werden bis zur Selbständigkeit aufopfernd betreut. Erfahrungsgemäß erreichen junge Kätzinnen erst mit etwa zwei Jahren, Kater wesentlich früher die Geschlechtsreife; sie sind mit etwa drei Jahren erwachsen. In ruhigem Gelände in freier Wildbahn haben Waldwildkatzen eine Lebenserwartung von 12 – 20 Jahren. Ihre Nahrung besteht vorwiegend aus kleineren Säugetieren, seltener aus Federwild. Da sie für das nötige Gleichgewicht im Naturhaushalt sorgen, sind Waldwildkatzen das ganze Jahr über jagdlich geschützt. Zwar vergrößert sich bei uns nach jüngsten Ermittlungen auf diese Weise allmählich ihre Anzahl, doch findet in manchen Gebieten eine so starke Vermischung mit verwilderten Hauskatzen statt, daß ihr biologischer Bestand noch nicht gänzlich gesichert erscheint. Als ausgesprochene Kulturflüchter sind Waldwildkatzen schwer zu zähmen und kommen deshalb als Vorfahren der Hauskatze wahrscheinlich kaum in Betracht.
2. Zur Gruppe der Steppenwildkatzen Zentralasiens (bis Nordindien) gehört als bekannteste Unterart die *Indische Steppenkatze* (Felis silvestris ornata Gray, 1832). Größe und Lebensweise ähneln denen der Europäischen Waldwildkatze, doch ihr Haarkleid weist vorwiegend Flecken oder Tupfen auf. Der Schwanz ist mittellang und spitz. Ihre Zähmbarkeit konnte bisher nicht erwiesen werden, da es noch nie gelang, Jungtiere unter menschlicher Obhut aufzuziehen.
3. Die Gruppe der Falbkatzen Afrikas besteht aus einer Vielzahl geographisch verschiedener Unterarten. Am bekanntesten sind die abessinische *Buschfalbkatze* (Felis silvestris ocreata Gmellin, 1791) und die nordafrikanische *Falbkatze* (Felis silvestris lybica Forster, 1780), deren Gesamtlänge zwischen 65 und 120 cm liegt. Fast drei Achtel davon entfallen auf den dünnen, zugespitzten Peitschenschwanz. Je nach Verbreitungsgebiet variiert ihre Färbung von Blaßgelb bis Silbergrau mit deutlich dunklerem Rücken. Alle Spielarten und Zwischenformen von schwacher Tüpfelung bis zu deutlicher Streifung lassen sich bei ihr beobachten. Ihr Äußeres erinnert an das wildfarbener Hauskatzen.

Falbkatzen ernähren sich vorwiegend von kleinen Nagetieren, die sie in der Nähe menschlicher Siedlungen – seit Beginn des Ackerbaues – stets reichlich vorfinden. Sie zeigen sich dem Menschen gegenüber im allgemeinen weniger scheu als die Angehörigen der erstgenannten Gruppen.

Die abessinische Buschfalbkatze und die nordafrikanische Falbkatze können sich untereinander fruchtbar vermehren. Auch aus diesem Grunde gelten sie in erster Linie als die frühen Ahnen der bei uns heimischen Hauskatze.

Die Gattung **Herpailurus** besteht nur aus einer einzigen Art, dem *Jaguarundi* oder der *Wieselkatze* (Herpailurus yagouaroundi GEOFFROY, 1803). Einige größenmäßig verschiedene Unterarten dieser urtümlichen amerikanischen Kleinkatze leben im Norden Südamerikas, in Mittelamerika und im Süden Nordamerikas. Den fuchsroten Farbschlag nennt man in seiner Heimat *Eyra.* Alle anderen Varianten sind graubraun oder rotbraun. Die flache Schädelform und der niedrige, schlanke Körperbau des Jaguarundi erinnern auffallend an das Äußere des Wiesels (Mustela nivalis). Sein langer Schwanz mit starkem Ansatz nimmt etwa die Hälfte seiner Körperlänge von 90 bis 140 cm ein. Er lebt paarweise; die Jungen, die nach einer Tragzeit von 63 bis 70 Tagen geboren werden, zieht die Kätzin jedoch allein groß. Sie erscheinen zunächst noch gefleckt wie der Nachwuchs der Pumas. Erst als Erwachsene nehmen auch sie die gleichmäßige Färbung an.

In buschbewachsenem, unterholzreichem Gelände jagt der Jaguarundi nach allen Arten von Federwild. Seine beliebteste Beute scheint jedoch Hausgeflügel zu sein, denn es ist überliefert, daß diese Leidenschaft seine Haltung bereits problematisch gestaltete, als er von der Urbevölkerung seines Verbreitungsgebietes zuweilen gezähmt und als Helfer bei der Ungeziefervertilgung im Hause eingesetzt wurde.

Die Gattung **Leopardus** umfaßt den südamerikanischen *Ozelot* (Leopardus pardalis LINNÉ, 1758), der bei einer Gesamtlänge von etwa 140 cm ein Gewicht bis zu 25 kg erreichen kann, sowie den kleineren, schlankeren *Margay,* auch *Baumozelot* oder *Langschwanzkatze* genannt (Leopardus tigrinus SCHREBER, 1777). Beide Arten erhielten ihre irreführenden Namen aufgrund ihrer leopardenähnlichen Fellmusterung (Leopard = Panthera pardus).

Der Margay ist oft wenig größer, doch hochbeiniger als eine mittelgroße Hauskatze. Von seiner Länge zwischen 90 und 120 cm entfällt nahezu die Hälfte auf den muskulösen, mit Flecken und dunkler Bänderung versehenen Schwanz. Wie bei allen wildfarbenen Katzen weist die Rückseite seiner kleinen, abgerundeten Ohren einen leuchtend hellen Wildfleck auf. Große, dunkelbraune Nachtaugen beherrschen sein kräftig gezeichnetes Gesicht. In den warmen Urwäldern seines süd- und mittelamerikanischen Verbreitungsgebietes erklettert der Margay mit großem Geschick auch die höchsten Bäume, um Schlangen, Vögel und anderes kleines Getier zu erjagen. Den Abstieg bewältigt er, gleich manchen Ozelots, kopfabwärts, da er seine Hinterpfoten in den Gelenken so weit nach hinten zu drehen vermag, daß er an ihren Krallen hängend Halt findet.

Die Gattung **Oncifelis** besteht aus verschiedenartig gefleckten oder getupften Waldwildkatzen des nördlichen Südamerikas. Dazu zählen die *Geoffroy's Katze* (auch *Kleinfleck-* oder *Salzkatze,* Oncifelis geoffroyi D'ORBIGNY und GERVAIS, 1843), die *Nacht-* oder *Chilenische Waldkatze* (Oncifelis guigna MOLINA, 1910), die als kleinste ihrer Gattung nur 55 – 75 cm erreicht, sowie die am Boden lebende *Oncillakatze* (Oncifelis pardinoides GRAY, 1867), deren Lebensraum sich bis nach Peru erstreckt. Die Oncilla ist kurzbeinig und zierlich, wird aber trotzdem oft mit dem kräftigeren Margay verwechselt. Da alle Leopardus- und Oncifelis-Arten mitunter Schwärzlinge zur Welt bringen, vergrößern sich die Unterscheidungsschwierigkeiten. Die moderne Systematik bezeichnet den Margay als Leopardus wiedi, die Oncilla als Leopardus tigrinus, zählt somit beide zur gleichen Gattung.

Die Gattung **Prionailurus** bewohnt ganz Asien und umfaßt ebenfalls mehrere sich ähnelnde Arten. Unter ihnen erscheint die Dschungelgebiete bewohnende und fast ausschließlich Fische verzehrende *Fischkatze* (Prionailurus viverrinus BENNET, 1833) stämmiger und schwerer als die ebenfalls niedrig gebaute *Flachkopfkatze* (Prionailurus planiceps VIGORS und HORSFIELD, 1827). Weitere bekannte Arten sind die *Rostkatze* (Prionailurus rubiginosus GEOFFROY, 1834) und die über ganz Indien bis nach Südchina und Indonesien verbreitete, etwas größere *Bengalkatze* (Prionailurus bengalensis KERR, 1892) mit zahlreichen Unterarten, deren Zeichnungsmuster von klar abgegrenzter, schwarzer bis rostbrauner Tupfung und Streifung bis zu schwacher, blasser Tüpfelung auf gelblichem bis dunkelbraunem Fellgrund variieren kann. Die Musterung des Rükkens verläuft in Längs-, die der Unterseite in Querrichtung des Körpers. Die Bengalkatze ist zwischen 75 und 100 cm lang; ein Drittel davon entfällt auf den Schwanz, der eine dunkle Spitze hat. Am größten sind die nördlich lebenden Arten. Nach einer Tragezeit von 65 – 70 Tagen bringt die Bengalkatze 2 – 4 Junge zur Welt, die sie in enger Gemeinschaft mit ihrem Partner aufzieht. Einige Experten vermuten auf Grund ähnlichen Verhaltens eine engere Verwandtschaft der Bengal- mit der Siamkatze, zumal eine Bastardierbarkeit mit Hauskatzen nachgewiesen werden konnte. Wie südamerikanische Kleinkatzen, jagen Bengalkatzen bei Dämmerung und erbeuten kleinere Säugetiere und Federwild. Zeigen sie eine klare kontrastreiche Fellmusterung, erinnert auch ihr Äußeres auffallend an das der südamerikanischen Oncilla.

Die Gattung **Profelis** faßt die Goldkatzen zusammen, deren Verbreitungsgebiet sich quer durch Afrika bis nach Asien und Hinterindien erstreckt. Der ausgesprochenen Seltenheit wegen ließen sich die Lebensgewohnheiten mancher ihrer Arten bisher nur ungenügend erforschen, so daß eine endgültige Klassifizierung noch nicht möglich ist. So konnte bis heute nicht entschieden werden, ob die *Tristis Wildkatze* (Profelis temmincki tristis MILNE-EDWARDS, 1872) als Unterart der stattlichen, langköpfigen *Asiatischen Goldkatze* (Profelis temmincki VIGORS und HORSFIELD, 1827, Bild 3) oder als Angehörige der Gattung Prionailurus (Bengalkatzen) zu gelten hat. Die kleinere, meist fein getupfte *Afrikanische Goldkatze* (Profelis aurata TEMMINCK, 1827) ähnelt selbst im Hinblick auf ihren durchdringenden Urinduft dem südamerikanischen Ozelot so weitgehend, daß eine Verwandtschaft der beiden, heute auf verschiedenen Kontinenten beheimateten Arten von vielen Forschern für denkbar gehalten wird. Die kleinste der Profelis-Arten, die *Borneo Goldkatze* (Profelis badia GRAY, 1874), wirkt wie eine zwerghafte Form der Goldkatzen des asiatischen Festlandes und erlangt nur Hauskatzengröße.

Sämtliche Goldkatzen sind Bodenjäger und leben in unterholzreichem Gelände. Von fruchtbarem Nachwuchs zwischen Angehörigen dieser umstrittenen Gattung und Felis silvestris-Arten ist bisher nichts bekannt.

Gattung **Zibethailurus** ist die veraltete Bezeichnung einer Unterart der Bengalkatzen. Die bereits erwähnte Fischkatze (Prionailurus viverrinus) bildete ihre einzige Art mit verschiedenen geographischen Unterarten. Obwohl sie der afrikanischen Zibetkatze aus der Familie der Schleichkatzen (Viverridae) kaum ähnelt, gibt die alte Namensähnlichkeit auch heute noch häufig zu Mißverständnissen Anlaß.

Diese *Zibetkatze* (Civettictis civetta) verfügt, wie auch die Echten Katzen, über zwei mit Sekret gefüllte Analbeutel. In bestimmten Abständen wird diesen Duftdrüsen der im Orient zur Parfümherstellung begehrte Duftstoff Zibet entnommen. Dazu stören die Eingeborenen die im Käfig gehaltenen Zibetkatzen und kratzen anschließend die durch das Erschrecken abgesonderten Ausscheidungen vom Boden auf.

Katze und Mensch vom Altertum bis heute

Der verständliche Wunsch des seßhaften Ackerbauern vorchristlicher Kulturen, die Katze zum Schutze seiner Vorräte vor Schädlingen ständig und zuverlässig an sich und sein Heim zu binden, bildete wahrscheinlich die wichtigste Veranlassung für ihre allmähliche Haustierwerdung. Abbildungen aus dem vorderasiatischen Jericho aus dem 6. vorchristlichen Jahrtausend (Brentjes, 1962), die mit Katzen spielende Frauen zeigen, blieben bis heute die ältesten überlieferten Katzendarstellungen der Welt.

Bei diesen offenbar zahmen, jedoch wahrscheinlich noch nicht domestizierten Katzen handelte es sich anscheinend um nordafrikanische Falbkatzen (Felis silvestris lybica). Als Kulturfolger ließ sich diese Art leicht zähmen, denn sie war dem Menschen gegenüber besonders aufgeschlossen. Ähnlich wie sie verhielt sich die abessinische Buschfalbkatze (Felis silvestris ocreata), die deshalb als Mit-Stammutter der heutigen Hauskatze angesehen werden kann.

Als Beweis für diese Behauptung dienen meist die Ergebnisse vergleichender Messungen, die zu Beginn dieses Jahrhunderts an den Schädeln von in Ägypten bei Ausgrabungen gefundenen Katzenmumien vorgenommen wurden. Diese Mumien (Abb. 13) entstammen einer Zeit, in der die Menschen verstorbene Katzen wie ihresgleichen einbalsamierten und in geweihten Grabstätten (Bubastis, Nordägypten) unter dem Schutze ihrer Göttin Bast beisetzten. Unmengen – man spricht von mehreren Tonnen – dieser bis zu ungefähr 2000 Jahre alten, gut erhaltenen Mumien gelangten um 1900 nach England und wurden dort nachweislich verbrannt oder zu Dünger verarbeitet! Nur wenige Exemplare blieben der Wissenschaft bis heute erhalten.

Nach Aussage griechischer Schriftsteller (z. B. Herodot, 484 bis ca. 425 v. Chr.) standen Katzen um 2300 – 1800 v. Chr. in ihrer ägyptischen Heimat in hohem Ansehen und galten bereits als äußerst wertvolle Haustiere. Schwere Strafen drohten jenen, die ihnen Leid zufügten.

Bast oder Bastet war ursprünglich die Mondgöttin, die ab der XVIII. Dynastie, seit ca. 1580 v. Chr., mit einem Katzenkopf dargestellt wurde (Abb. 14). Man verehrte diese Tochter des Sonnengottes Re (Ra) als Beschützerin der Familie und des Hauses. Etwa handhohe Katzenstatuetten aus Bronze (Bild 10) oder Keramik brachte man ihr als Opfergabe dar oder fügte sie den Verstorbenen als Weggefährten bei. Denn mit ihrer Fähigkeit, sich im Dunkeln zurechtzufinden, sollten die Katzen die Seelen der Toten aus ihren finsteren Grabkammern ins Jenseits geleiten . . .

Bis zum Ende des Pharaonenreiches blieb die geachtete Stellung der Katze erhalten.

Abb. 13 (links). Katzenmumien entstammen einer Zeit, in der verstorbene Katzen, ähnlich wie „ihre" Menschen, einbalsamiert und in geweihten Grabstätten beigesetzt wurden (Ägypten; heute: Britisches Museum, London).
Abb. 14 (rechts). Gesamtansicht der Göttin Bast (Bastet). Sie wurde meist mit einem Rassel-Instrument (Sistrum) in Händen und mit spielenden Katzen zu Füßen dargestellt (Britisches Museum, London).

Wie Leeman und Balt (Holland 1971/1972) in umfangreichen Studien über die Geschichte der Hauskatze nachweisen konnten, gelangte sie um etwa 400 v. Chr. von ihrer ursprünglichen Heimat Ägypten in die rund um das Mittelmeer gelegenen griechischen Kolonien. Hier nahm sie bald erfolgreich den Platz ein, den vor ihr die übelriechenden, unzuverlässigen Frettchen als Ratten- und Mäusevertilger innehatten. In der Blütezeit des Römischen Reiches um die Zeitenwende führte sie die zweite Wanderung ihrer Geschichte nach Italien. In dieser Periode erhielt sie ihren heutigen Namen. In der nubischen Sprache war sie „kadiska" benannt worden. Die Römer bezeichneten sie zunächst als „gatta" (im apokryphen Bibelbuch Baruch), später als „cattus". Daraus gingen das englische Wort „cat", das französische „chat" und das deutsche „Katze" hervor. In Begleitung römischer Legionäre und Kaufleute gelangte die Katze in der Folgezeit, vermutlich auf Küstenschiffen, allmählich auch in den Norden Europas und verbreitete sich nach und nach bis nach England und Schottland. Dort galt sie in ihrer Frühzeit als so selten und kostbar, daß das alte Gesetzesdokument des Fürsten Howel Dda (Wales, 940 n. Chr.) ausdrücklich einen streng vorgeschriebenen Preis für den Erwerb von Katzen mit besonders guten jagdlichen Anlagen vermerkt.

Auch bei den Germanen gelangte die Katze zu hohen Ehren. Hier verdrängte sie bald das Wiesel, das bis zu ihrem Erscheinen für die Vertilgung von Ratten und Mäusen gesorgt hatte.

Gelegentliche Paarungen der Einwanderin mit den in Europa heimischen Waldwildkatzen konnten jedoch den zahmen Charakter der Hauskatze nicht nachteilig beeinflussen.

In alten Schriftstücken wird die getigerte Hauskatze bis etwa zum 10. Jahrhundert noch immer als zahlreichste Varietät erwähnt. Doch bald erschienen daneben häufiger Katzen mit Rädermuster, schwarzer und bunter Färbung oder weißer Scheckung. In der Folgezeit hießen buntgetigerte weißgescheckte Katzen „spanische Katzen". Auch die ersten blauen Kurzhaarkatzen tauchten auf. Weshalb man sie Kartäuserkatzen nannte, ließ sich bis heute nicht genau ermitteln. Sie werden schon in der Naturkunde von Buffon (1707 – 1788) unter dem Namen „Chats de Chartreux" (Bild 16) gezeigt und beschrieben.

Mit ihrem anschmiegsamen, geselligen Wesen eignet sich die Hauskatze seit jeher als Gefährtin älterer oder einsamer Menschen. Diejenigen alleinstehenden Männer und Frauen, bei denen sich früher die vorwiegend ländliche Bevölkerung in Notlagen Rat und Hilfe holte, lebten daher oft eng mit Katzen zusammen. Darauf läßt es sich wahrscheinlich zurückführen, daß den Katzen im Mittelalter das bitterste Unrecht ihrer Geschichte widerfuhr: Im Zuge der Verfolgung Andersgläubiger wurden sie von der katholischen Inquisition in religiösem Wahn gemeinsam mit „ihren" Menschen grausam gefoltert und verbrannt!

Um 1250 begannen fanatische religiöse Eiferer das Wort „Ketzer", das sich in Wahrheit auf die kirchlich verfolgten, andersgläubigen Katharer (= die Reinen) zurückführen läßt, fälschlich auf die unglücklichen Menschen und ihre Katzen zu beziehen!

Noch heute wirken in weiten Bevölkerungskreisen Europas bedauerlicherweise der damals gesäte Aberglaube und das Mißtrauen der Katze gegenüber nach; sie lassen sich nur schwer ausmerzen ...

In welchem Jahrhundert die zahme Hauskatze nach Persien und Indien gelangte, ist nicht mit Sicherheit feststellbar. Nach Prof. Zürcher (Holland, 1971) führte sie ihr Weg von dort anscheinend schon früh zusammen mit Seiden- und Gewürzhändlern oder in Begleitung buddhistischer Mönche als Behüterin der heiligen Schriften weiter nach Ostasien.

Im ältesten Werk der chinesischen Literatur, dem Buch der Lieder (Schi-king, um 600 v. Chr.) ist die Katze (als Mäusevertilgerin) schon neben dem Tiger erwähnt. Um 150

v. Chr. bezeichnete man die wilde, freilebende Katze als „Li“, die häusliche hingegen als „Miao“. In der chinesischen Volksheilkunde galten, ähnlich wie später in Europa, aus bestimmten Körperteilen der Katze hergestellte Wundermittel als besonders heilkräftig. Zahlreiche Werke der chinesischen Malkunst sind aus den folgenden Jahrhunderten überliefert. Sie haben vorwiegend häusliche Szenen mit Hauskatzen zum Inhalt (Rijksmuseum, Leiden, Holland).
So wie die weißgescheckte Katze mit möglichst wenigen Farbtupfen auf Kopf oder Schwanz in China schon vor Jahrhunderten ein beliebtes Malobjekt darstellte (Bild 13, Lao Shi-Ning, 1688 – 1768), galt die besondere Liebe japanischer Maler der letzten Jahrhunderte der stummelschwänzigen Hauskatze, die zudem zu viele Zehen an ihren Pfötchen aufwies (Bild 15; Kuniyoshi, 1798 – 1861).
Fast überall auf der Erde – nach Entdeckung der Neuen Welt durch Kolumbus im Jahre 1492 auch in Amerika – hielt man die Hauskatze zunächst hauptsächlich zur Ungeziefervertilgung als Nutztier. Nur Langhaarkatzen bildeten hierin eine Ausnahme. Sie wurden in China bereits im 10. Jahrhundert unter der Bezeichnung „Löwenkatzen“ (shi-miao) (Bild 11; Mao-Yi, 12. Jahrhundert) als Kleinodien in den Palästen der Vornehmen gehalten.
Als der italienische Reiseschriftsteller Pietro della Valle im 17. Jahrhundert von einer seiner Reisen aus Chorassan (Persien) die ersten Langhaarkatzen mit nach Italien brachte, bedeuteten sie für ihn und seine Zeitgenossen ebenfalls nicht allein Luxusgeschöpfe, sondern auch ein Statussymbol. Bei Adligen und Reichen lebten sie als Familienkatzen im Hause (Bild 17, Langhaarkatze; wie Bild 16 aus der Naturkunde von Buffon). Della Valle begann sich der Katzenzucht zu widmen. Ein besonderes Anliegen dieser Jahre war nach damaligen Berichten die Zucht rein weißer „Angorakatzen“ aus Langhaarkatzen mit weißer Scheckung.
Heute gilt das Vorrecht dieser ersten Rassekatzen, keine Nutztiere mehr zu sein, für die Angehörigen aller Rassen, die nach Entdeckung immer neuer Mutationen und Farbspiele systematisch unter menschlicher Obhut gezüchtet werden. Meist leben auch sie ausschließlich im Hause, da Freiheit und freie Partnerwahl alle Zuchtvorhaben zunichte machen würden. Zudem kann ihnen, genau wie ihren zahllosen, nicht zur Zucht verwendeten Artgenossen, ein Leben unter den Bedingungen, die sie inmitten unserer heutigen Wohngebiete vorfinden, ohnehin kaum mehr zugemutet werden. Von Jahr zu Jahr wird die durch uns Menschen veränderte Umwelt tierfeindlicher, und ein Ende dieser verhängnisvollen Entwicklung läßt sich noch immer nicht absehen . . .

Das Wesen der „Cat Fancy“

Als im vergangenen Jahrhundert (1871) begeisterte englische Katzenfreunde in London erstmals eine Katzenausstellung veranstalteten und bald auch die ersten aus Thailand stammenden Siamkatzen zeigten, nahm die weltweite Entwicklung der „Cat Fancy“, der Katzenhaltung und ihrer Zucht als Hobby, ihren Anfang.
Bereits im Jahre 1910 erfolgte die Gründung des britischen Governing Council of the Cat Fancy (GCCF), einer Dachorganisation, der heute alle Clubs dieses Landes angehören. Der erste Katzenzuchtverein Deutschlands entstand vor mehr als fünfzig Jahren. Gemeinsam mit weiteren Zuchtverbänden Europas schloß er sich nach dem 2. Weltkrieg der in Frankreich begründeten Fédération Internationale Féline d’Europe (FIFE) an. Beschlüsse des GCCF werden nicht nur von der FIFE, sondern auch von allen anderen europäischen Zuchtorganisationen, die sich „Unabhängige“ nennen (Indepen-

dent Cat Fanciers of the Continent of Europe, ICFCE), weitestgehend akzeptiert. Mit den umfangreichen Zuchtverbänden und Dachorganisationen Amerikas, Australiens und Afrikas unterhält der GCCF freundschaftliche Kontakte.
Von diesen Organisationen schon seit Jahrzehnten regelmäßig veranstaltete Katzen-Ausstellungen (Cat-Shows) bringen die Katzenhaltung immer weiteren Bevölkerungskreisen nahe. Es ist deshalb nicht verwunderlich, wenn zunehmend auch bei uns der Wunsch nach Schrifttum erwacht, das neben der Beantwortung prinzipieller Fragen nach Ursprung und Wesen der Katze auch grundlegendes züchterisches Wissen vermittelt. Dank regelmäßiger Veröffentlichung aktueller Forschungsergebnisse in der einschlägigen englischen Literatur gehören diese Kenntnisse zwar schon seit langem zum Allgemeingut westlicher Anhänger der „Cat Fancy", waren jedoch in Deutschland bisher nur verhältnismäßig wenigen sprachkundigen Katzenfreunden zugänglich.
Die folgenden Ausführungen sollen diese Lücke schließen helfen und damit zu eigener, unvoreingenommener Beobachtung dieser kompliziert scheinenden, jedoch in Wahrheit nicht schwer zu verstehenden Vorgänge anregen.

Vererbungslehre – Theorie für die Katzenzucht

Allgemeine Grundlagen

Das heutige Wissen der Erbforschung beruht auf den Erkenntnissen, die der Augustinermönch Gregor Johann Mendel um die Mitte des vergangenen Jahrhunderts aus Kreuzungsversuchen mit verschiedenartigen Pflanzen (Erbsen, Bohnen usw.) gewann. Später (Morganschule, um 1920) dienten Essig-, Frucht- oder Taufliegen (Drosophila), in der modernen Molekulargenetik Mikroorganismen als leicht zu züchtende Versuchsobjekte.
Die im Literaturhinweis genannten Werke vermitteln einen umfassenden Einblick in die Grundlagen der Vererbung, so daß sich ihre ausführliche Darstellung in diesem auf Genetik von Katzen abgestimmten knappen Rahmen erübrigt.
Bei Katzen befinden sich in jeder Körperzelle 38 Chromosomen (beim Hund 78, beim Menschen 46). Sie bilden 19 formgleiche Paare, mit Ausnahme des Geschlechtschromosomenpaares. Dieses besteht bei weiblichen Säugetieren aus zwei gleichartigen Geschlechts- oder X-Chromosomen, während das männliche Geschlecht durch ein X- und ein kleineres, anders gestaltetes Y-Chromosom bestimmt wird.
Wichtig ist, sich zu erinnern, daß sich bei der Entwicklung reifer Keimzellen aus den Urgeschlechtszellen des Eierstockes bzw. der Hoden die Zahl des in den Zellkernen ruhenden vollen Chromosomensatzes halbiert (Reifungsteilung). Dabei bleibt die Aufteilung und Neuordnung in 19 Chromosomen des halben Satzes dem Zufall überlassen, so daß sich von Generation zu Generation unter teilweisem „Ahnenverlust" eine stets erneute Mischung des Erbgutes der Eltern (Parental-Generation) vollzieht. Bei der Befruchtung stellt sich durch die Verbindung von Samen- und Eizellen in den Körperzellen der Tochtergeneration (Filial- oder F_1-Generation) wiederum der doppelte Chromosomensatz mit 38 Chromosomen her.
In allen Chromosomen sind die Erbanlagen (Erbfaktoren, Gene) linear, d. h. ähnlich wie Perlen auf der Schnur angeordnet und formen den kompletten Bauplan eines Organismus. Dabei bildet jedes Gen mit dem des entsprechenden Partner-Chromosoms als Allel oder alleles Gen ein paralleles Paar. Sämtliche Gene wirken als Schaltmechanismen aufeinander ein. So vermag die väterliche die mütterliche Erbinformation auszu-

schalten und umgekehrt. Das vorherrschende Gen, das die Wirkung seines Allels ausschaltet (unterdrückt), wird dominant, das unterdrückte rezessiv genannt.
Außerdem hängt die Entfaltung der Erbanlagen entscheidend von der Umwelt ab, in der ein Lebewesen aufwächst. So können sich z. B. die Anlagen, die eine Katze befähigen, eine geschickte Mäuse- oder Rattenjägerin zu werden, nur dann auswirken, wenn sich ihr die Gelegenheit dazu bietet. Hiermit bestätigt sich der Grundsatz, daß sich das Erscheinungsbild (Phänotypus) eines Individuums aus dem Zusammenwirken von Erbbild (Genotypus) und Umwelt (Milieu) ergibt.
Vom Normaltyp abweichende Erbanlagen entstehen durch Änderung am Erbgut (Erbänderung, Mutationen), deren tiefere Ursachen oft verborgen bleiben. Werden in einem Gen-Ort (lat. locus) mehrere Erbänderungen bekannt, so spricht man von multiplen Allelen. Doch nur jeweils eines dieser Gene kann sich von einem Elternteil auf einen bestimmten Nachkommen weitervererben.
Günstige Mutationen befähigen einen Organismus zur Anpassung an veränderte Umweltbedingungen (z. B. Resistenz von Mikroorganismen gegenüber bestimmten Antibiotika). Die häufigeren, negativen Erbänderungen (Verlustmutationen) hingegen merzen sich in der Regel im natürlichen Existenzkampf von selbst aus.
In der Haustierzucht bilden Mutationen vielfach das Ausgangsmaterial für die Entwicklung neuer Rassen und Varietäten. Manche negativen Erbänderungen (z. B. die Anlage für Schwanzlosigkeit, Haarlosigkeit oder Albinismus usw.) werden aus diesem Grunde durch Auslese (Selektion) gefördert, andere als wertlos oder gar zuchtgefährdend vom Züchter ebenfalls durch Auslese von der Vermehrung ausgeschlossen.

Vom Wildtyp zum Hauskatzentyp – Symbolik im Vergleich

In den letzten Jahren gelang es einigen Genetikern (Roy Robinson, Patricia Turner, Don H. Shaw) mehr Licht in das Dunkel der Vererbungsvorgänge bei Hauskatzen zu bringen. Eine langsame Generationenfolge, nicht allzu zahlreicher Nachwuchs und eine relativ hohe Todesziffer der Heranwachsenden erschwerten jedoch immer wieder die Nachforschungen, so daß man bis heute bei vielen Zusammenhängen auf Vermutungen angewiesen ist. Wertvolle Hilfe aber bot die Erbforschung bei Kaninchen. Häufig weisen sie Parallelmutationen zu denen von Katzen auf, wenn auch die Symbole voneinander abweichen. Einige Rassenbezeichnungen aus der Kaninchenzucht, wie z. B. Angora, Rex, Chinchilla (nach dem Pelztier benannt) oder Havana wurden auf die Katzenzucht übertragen.
In der Symbolik, die der Darstellung von Erbvorgängen dient, werden dominante Erbanlagen mit Großbuchstaben gekennzeichnet. Ist eine Katze dafür reinerbig (homozygot), bilden also diese Erbanlagen in ihrem Erbbild als allele Gene ein Paar, so erscheint ihr Symbol doppelt (z. B. A/A). Genügt ein dominantes Gen für die Merkmalsausbildung oder sind die beiden allelen Gene verschiedenartig (misch- oder spalterbig, heterozygot, z. B. A/a), so setzt man oft anstelle des zweiten Allels einfach einen Gedankenstrich (z. B. A/–). Rezessive Gene werden klein geschrieben und sind nur in reinerbigem Zustand wirksam.
Da unmutierte „Normalgene“ der ursprünglichen Wildform der Katze (Felis silvestris-Arten) dominant oder rezessiv sein können, versieht man sie zur Unterscheidung von mutierten Genen mit einem + (z. B. A^+ oder t^+). Ein Gen trägt meist den Anfangsbuchstaben des Merkmals, das es hervorruft. Die Namen entstammen dem englischen Sprachgebrauch (z. B. t^+ = tabby).
Die Wirkung dominanter Erbanlagen läßt sich von Generation zu Generation verfolgen, während ihre rezessiven Allele bei oberflächlicher Betrachtung oftmals Generationen zu überspringen scheinen.

Am augenfälligsten sind bei Katzen, neben den rassebildenden Form- und Haarunterschieden, die allen Rassen gemeinsamen Farben und Fellmuster. Eine Vielzahl verschiedener Erbanlagen lenkt ihre Entstehung und Verteilung. Sämtliche Farbeindrükke, ob es sich um Haut-, Haar- oder Augenfärbung handelt, werden durch Lichtbrechung in Pigmentteilchen hervorgerufen. Das Basis-Pigment heißt *Melanin.* Den dunklen, schwärzlichen Farbtönen liegt *Eumelanin,* den helleren, gelblichen *Phäomelanin* zugrunde.

Agouti: Zur Anpassung an seine Umwelt erscheint beim Wildtyp der Hauskatze jedes Haar vom gelblich-grauen Grund bis zur schwarzen Spitze abwechselnd schwarz-gelb-schwarz gebändert. Diese Wildfärbung wird Agouti oder *Ticking* (A^+) genannt.

Non-Agouti: Ihre Veränderung in das rezessive Allel für Nicht-Wildfärbung, Non-Agouti (a), ist eine der ältesten Mutationen bei Katzen. In reinerbiger Form (a/a) verursacht sie eine dunkle Pigmentierung der lichten Zonen jedes einzelnen Haares und damit insgesamt eine gleichmäßige Fellfärbung (Einfarbigkeit, engl. self coloured).

Tabby-Serie: Aus dem häufig unklaren Zeichnungsmuster der Wildform entwickelten sich allmählich durch Mutation und züchterische Auslese die uns heute bekannten Tabbymuster. Sie liegen als multiple Allele (Seite 35) im gleichen Gen-Ort. Die gleichzeitige Anlage für Agouti bewirkt bei ihnen besonders ausgeprägte Formen.

Schwarze Zeichnung auf hell geticktem Haargrund (Black Tabby oder Seal Tabby) wird fälschlich als Brown Tabby bezeichnet, obwohl keine Anlage für Braun vorliegt. Das älteste Muster ist die feinere oder gröbere Streifung oder *Tigerung* (engl. mackerel tabby, früher t^m, heute als Normalgen t^+, Abb. 15).

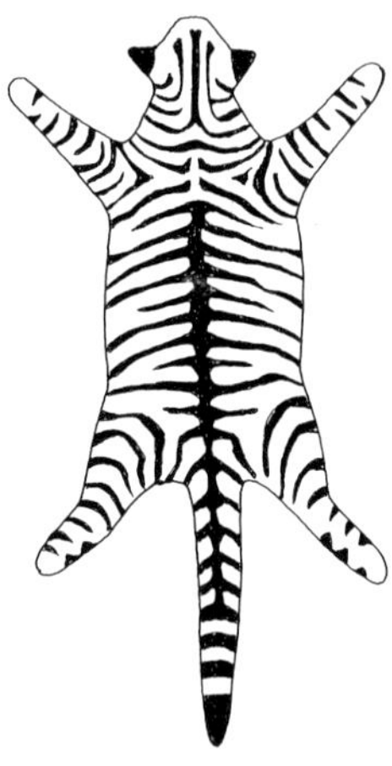

Abb. 15. Fell mit enger Tigerzeichnung (mackerel tabby).

Die in Abb. 16 dargestellte *Räderzeichnung* oder *Stromung* (engl. blotched tabby, auch Schmetterlings- oder Marmorzeichnung) verhält sich gegenüber Tigerzeichnung rezessiv. Ihre Anlage (t^b) wird daher häufig unsichtbar im Erbbild getragen. In reinerbiger Form (t^b/t^b) bildet sie das klassische Zeichnungsmuster der Langhaarkatzen.

Nicht-Tabby (Abessiniertabby, T^a) ist hingegen keine Mutation, sondern entstand durch Auslese und liegt, meist in reinerbiger Form, bei Abessinierkatzen vor, die zudem meist auch reinerbig für Agouti sind. Ihr Äußeres erscheint fast frei von Tabby-Zeichnung. Wird eine derartige Katze mit ebenfalls für Agouti reinerbigen Partnern mit Tabbyzeichnung oder einfarbigen Katzen ohne Zeichnung gepaart, so zeigen die am Körper zeichnungsfreien Nachkommen stets an Kopf und Beinen kräftige Streifung.

Eumelanin verhindert bei einfarbigen (Non-Agouti) Katzen ein Sichtbarwerden des Zeichnungsmusters. Nur bei starker Beleuchtung oder in der Jugend läßt es sich auch bei rein schwarzem Fell als *Geisterzeichnung* (engl. ghost-markings) wahrnehmen. Wie Untersuchungen zeigten, liegt dies daran, daß die Haut unter den kürzeren Haaren des pigmentierten Zeichnungsmusters besonders dick ist, daß aber auch bei Einfarbigkeit Haar- und Hautbeschaffenheit weiterhin der Anlage für Tabbyzeichnung entsprechen.

Bei roten Katzen mit oder ohne Agouti ist Tabbymuster jederzeit deutlich sichtbar und entfällt allein bei Vorliegen der Anlage für Abessiniertabby.

Paart man einfarbige Katzen ohne jedes Zeichnungsmuster ($a/a\ T^a/T^a$) mit Partnern, die Agouti und Tabbyzeichnung aufweisen (oder umgekehrt), so erhält man als „dazwischenliegende" (intermediäre) Erscheinungsform (s. Seite 35) Nachkommen mit Tupfung. Bei ihnen bewirkt ein gleichzeitiges Vorhandensein der verschiedenen Gene für Tabbyzeichnung, Agouti und Non-Agouti eine Auflösung des zugrunde liegenden Zeichnungsmusters zu gröberen (*Pardeln*), feineren (*Forellentüpfelung*) oder mittelgroßen Flecken oder Tupfen (engl. spots, Abb. 17). Fehlt die Anlage für Agouti, so treten die Tupfen als Geisterzeichnung auf. Aus der Paarung zweier getupfter Katzen kann neben einfarbigem Nachwuchs solcher mit Tupfen, Abessiniertabby und Tabbyzeichnung hervorgehen.

Rot: Beim Wildtyp wirkt die gelbe Bänderung jedes Haares oft blaß und unscheinbar. Eine weitere Erbänderung führte in Verbindung mit Auslese zu einer Intensivierung des gelben Farbstoffes Phäomelanin zu Rot/Orange. Sein Gen liegt im Geschlechtschromosom X. Robinson bezeichnet Rot mit O, Nicht-Rot (=Schwarz) mit o^+. Da jedoch Rot keineswegs über Nicht-Rot dominiert und beide Anlagen zudem in den X-Chromosomen lokalisiert sind, heißt Rot bei Shaw X-O^R (red), Nicht-Rot dementsprechend X-O^B (black).

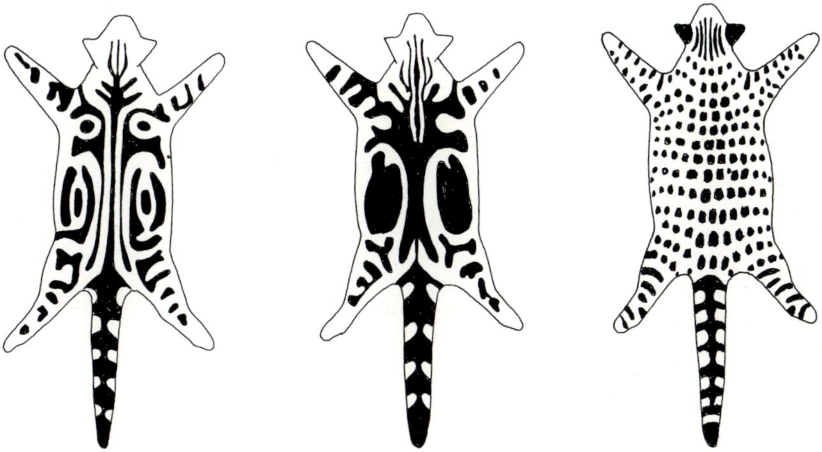

Abb. 16 (links und Mitte): Fell mit Räderzeichnung, Stromung (blotched tabby). Dieses Muster gilt als „klassische" Tabbyzeichnung der Langhaar-Hauskatzen.
Abb. 17 (rechts). Getupftes Fell (spotted tabby) gibt es in verschiedenen Variationen. Die feinste Form nennt man „Forellentüpfelung".

Auf Grund ihrer beiden X-Chromosomen vermag eine Kätzin zwei Farbgene zugleich im Erbbild zu tragen. Sie erscheint daher entweder Rot (X-O^R/X-O^R) mit tiefroter Zeichnung auf cremefarbenem Grund, schildpattfarben (X-O^R/X-O^B) mit schwarzen, roten und cremefarbenen Flecken oder Schwarz (X-O^B/X-O^B). Die cremefarbenen Flecken im Fell der Schildpattkätzin (=Tortoiseshell oder Tortie) entstehen allein durch Teile des Tabbymusters in Rot.

„*Calico*" ist die amerikanische Bezeichnung für weißbunte Katzen aller Rassen mit Abessiniertabby. Sie besitzen daher zeichnungsfreie rote und schwarze, klar abgegrenzte Flecken auf weißem Grund. Ein Kater kann neben seinem, das männliche Geschlecht bestimmenden, für Farbe indifferenten Y-Chromosom nur entweder rot (X-O^R/Y) oder nicht-rot (X-O^B/Y) sein (Abb. 21). Schildpattfarbene Kater mit zwei X-Chromosomen sind selten und wären wahrscheinlich unfruchtbar. Der Zuchtweg wirklicher, genotypisch roter Abessinierkatzen (Cinnamon) führt zunächst über Schildpatt.

Braun: Das Erscheinungsbild der meisten bei uns gezüchteten „roten" Abessinier wird hingegen durch die Erbfaktoren für Braun (b/b) hervorgerufen. Diese rezessive Mutation verursacht eine Verformung der runden Pigmentkörnchen in den Zellen, so daß sie langgestreckt erscheinen. Lichtbrechung erzeugt nun anstelle schwarzer nur noch braune Töne. Jedes Agouti-Haar erscheint daher bis zur braunen Spitze braun-gelb-braun gebändert und wirkt aus diesem Grunde rot. Einfarbige Haare zeigen ein dunkles, sattes Braun (Chocolate). Die braune Zeichnung von Tabbykatzen mit den Genen b/b (Nicht-Braun = B^+) liegt daher auf beinahe ausgeglichen gefärbtem braunrotem Grund, so daß die „echte" Brown Tabby ähnlich der „roten" Abessinier oft kräftig rot gefärbt erscheint.
Neuerdings entdeckte man, neben dem bekannten Schokoladenbraun (Chocolatepoint, Havana), in der Abessinierzucht eine helle Braun-Variante. In ihrer verdünnten Form wirkt sie bei Non-Agouti-Katzen statt lila cremefarben. Bei Abessiniern lassen sich die verdünnten Formen von Schokoladenbraun und Hellbraun kaum unterscheiden. Das genetische Symbol dieses Hellbrauns wird mit b^l/b^l (light brown) angegeben. Die daraus entwickelten neuen Farbschläge (Caramelpoint-Siamesen, Oriental Pastel Caramel) werden genetisch noch nicht näher beschrieben.
Oft wird Braun schon in mischerbiger Form wirksam (B^+/b) und kann z. B. bei Bluepoint-Siamesen neben der eigentlich erstrebten Aufhellung der Körperfarbe zu bräunlich schattierten Abzeichen, rötlichblauen Augen oder rosa Fußballen wie bei Lilacpoint führen (= „neither-nor"). Auf Phäomelanin (Rot, Orange, Gelb) hat die Anlage für Braun nur insofern Einfluß, als sie zu einer kräftigeren Tönung der zwischen dem roten Zeichnungsmuster liegenden cremefarbenen Zonen und damit zum Eindruck tieferer Rotfärbung beitragen kann.
Verdünnung: Als „Maltese dilution" ist der gegenüber Vollpigmentierung ebenfalls rezessive Faktor für Farbverdünnung bekannt (d). In reinerbiger Form (d/d) veranlaßt er eine unregelmäßige Klumpung und teilweise Auflösung sämtlicher Pigmente. (Nicht-Verdünnung ist dementsprechend D^+.)
d/d verdünnt Schwarz zu Blau, Braun zu Lila (Seite 40), Rot zu Creme, Schildpatt (Black oder Seal Tortie) zu Blauschildpatt (Blue Tortie) bzw. Blaucreme (Bluecream), Braunschildpatt (Chocolate Tortie) zu Lilaschildpatt (Lilac Tortie bzw. Lilac Cream). Dabei wirkt bei Abessiniern durch die Bänderung jedes Haares Lila wie cremefarben. Die blaue Zeichnung der Blue Tabby liegt auf zart cremefarbenem Grund – ähnlich dem Farbspiel im Fell blauer Abessinierkatzen. Eine Cream Tabby, deren Erbbild Agouti aufweist, erscheint lediglich kräftiger gefärbt („hotcream") als die cremefarbene Non-Agoutikatze. Bei der Blauschildpatt liegt als Geisterzeichnung Stromung vor, bei der Blaucreme Abessiniertabby. Diese zeigt somit kaum Flecken, da cremefarbene und blaue Haare bei ihr dicht nebeneinander wachsen. Auch Verdünnung kann schon im mischerbigen Zustand wirksam werden und bei braunen Katzen eine „kalte" Felltönung erzeugen.
Silberschattierung: An den verschiedenartigen Haar-Schattierungen blauer Katzen scheinen viele rezessive Anlagen (polymere Gene, s. S. 40) beteiligt zu sein, denn oft liegt über ihrem Haarkleid – auch über dem von Teil-Albinos mit verdünnter Abzeichenfarbe (Blue- und Lilacpoint) – ein feiner, unterschiedlich starker Silberschimmer, besonders ausgeprägt an kurz behaarten Körperstellen (= Frostpoint). Die Wirkung dieser noch unerforschten polymeren Gene läßt sich durch Auslese steuern. Bei schwarzen Katzen scheinen sie rostig-bräunliche Felltönung verhindern zu können.
Melanin-Inhibitor (Silberung): Die polymeren Gene für Silberschattierung sind offenbar nicht mit dem Melanin-Inhibitor (I) identisch, der ebenfalls die Bildung von Brauntönen, zugleich aber auch die Ausbildung von Agouti-Bänderung im Haarschaft einschränkt. Nach neuen Untersuchungen (Robinson) verhält sich dieser Faktor für Silbe-

rung dem Normalgen für Nicht-Silberung (i^+) gegenüber nur unvollständig dominant. Bei gleichzeitigem Vorliegen der Anlage für Agouti veranlaßt er in mischerbiger Form (I/i^+) das Erscheinungsbild schattierter Varietäten (Shaded). Bei ihnen ist etwa ein Viertel jedes Haarschaftes in Richtung der Haarspitzen pigmentiert. Schwarze Spitzen über silberweißem Grund ergeben Silver Shaded, rote Spitzen mit sahnigweißem Unterfell Cameo Shaded. In reinerbiger Form (I/I) führt Silberung zu fast völligem Pigmententzug im gesamten Haarschaft. Nur die äußersten Haarspitzen sind dabei noch pigmentiert. Schwarze Spitzen zeigt die Chinchilla, rote die Cameo Shell (=rote Chinchilla). Liegen außer Agouti die Gene für Braun und/oder Verdünnung vor, erhält man alle Farbschläge der kurzhaarigen englischen „Oriental Pastel". Chinchilla und Shaded werden mit Tabbyzeichnung geboren, die jedoch bei Chinchilla allmählich gänzlich verblaßt. Die noch unerforschten Erbanlagen mit dieser Wirkung scheinen sich rezessiv zu vererben.
Entfällt Agouti, so bilden sich unter dem Einfluß des rein- oder mischerbigen Silberungsfaktors die verschiedenen Varietäten der Smoke (=rauchfarbene Katzen). Bei ihnen bewirkt ein ebenfalls bislang nicht beschriebenes Gen der Albino-Serie, ähnlich wie bei Teil-Albinos (s. d.), kräftiger pigmentierte Abzeichen (Points). Alle Smoke-Katzen werden mit hellem, gestreiftem Gesicht (=Waschbärenzeichnung) geboren, dunkeln aber während der Reife in den Farben nach, deren Erbanlagen sie besitzen. Nur ihr Haargrund bleibt jeweils hell.
Die amerikanischen „goldenen" Varietäten bei Perserkatzen entstanden mittels systematischer Auslese zugunsten jener goldbraunen Farbtöne, die bei durchgezüchteten Silberfarbschlägen inzwischen als unerwünscht ausgemerzt wurden, doch ebenfalls auf den Melanin-Inhibitor zurückzuführen sind. Die pigmentierten Haarspitzen der „Goldenen" sind schwarz, der Haargrund creme bis braun.
Sämtliche beschriebenen Silber-Farbschläge ergeben in Verbindung von Agouti und Tabbyzeichnung Silver, Golden oder Cameo Tabby aller Rassen.
Albino-Serie: Die Fellfärbung wird darüber hinaus von multiplen Allelen beeinflußt, die man nach ihrer extremsten Ausdrucksform insgesamt Albino-Serie nennt. Ihr unverändertes Normalgen C^+ ruft Schwärzung hervor. Mehrere Mutationen dieses Gens veranlassen bei Katzen verschiedene Grade von Pigmentverminderung im Haarschaft.
Völliger Pigmentmangel liegt bei den äußerst seltenen „Weißlingen" oder *Albinos* vor. Ihr, gegenüber Vollpigmentierung rezessives Allel c bewirkt als reinerbiges Genpaar c/c schneeweißes Fell und rosa Haut, obwohl alle Farbgene im Erbbild vorliegen. Pigmentmangel im Augenhintergrund läßt die Augen rot erscheinen, da die Aderhaut sichtbar wird (ähnlich wie bei neugeborenen Teil-Albinos!). Die amerikanischen „Albino-Siamesen" (Chinese White) sind vermutlich keine Albinos, sondern entsprechen den Orientalisch Kurzhaar Weiß (Foreign White, s. unter „Weiß"). Ihre blau-rötliche Augenfarbe wird durch die Gene für Braun erzeugt. Eine weitere Erbänderung der Albino-Serie erlaubt nur an den kältesten Körperteilen, den Abzeichen oder Points (Gesichtsmaske, Ohren, Beine, Schwanz) Einlagerung von Pigment. Darauf beruht die eindrucksvolle Färbung von Teil-Albinos (z. B. Siamkatzen). Sie wird als *Akromelanismus,* Spitzenschwärzung oder Kälteschwärzbarkeit bezeichnet. In ihrem Erbbild befindet sich der über den Albinofaktor c dominante Siam- oder Maskenfaktor c^s.
Teil-Albinos werden weiß geboren und entwickeln allmählich die Abzeichenfarben, deren Anlagen sie besitzen. Nur ihr Augenhintergrund erscheint noch pigmentiert. Starke Melanin-Einlagerung führt durch Lichtbrechung zum Eindruck tiefblauer Färbung. Schon ein einziges Gen für Braun im Erbbild bewirkt hingegen rötliche bis blaßblaue Augen (s. unter Braun). Siamesen mit Agouti (Tabbypoint) besitzen nur bei Abessiniertabby (Nicht-Tabby) ein wirklich zeichnungsfreies Körperfell. Sonst zeigen sie deutliche Tabby-Geisterzeichnung.

Die Anlagen für die Grundfärbung der Burmakatze (c^b/c^b) erzeugen zobelbraunes Fell, dunklere Abzeichen und blaßgelbe bis grüne Augen. Auch ihre Färbung beruht auf Akromelanismus, so daß sie während der Reife allmählich nachdunkelt. Die Gene für Verdünnung führen bei Burmesen zu zarten Pastellfarben.
Das Gen c^b schaltet die Wirkung von c^s nur unvollständig aus. Daher ergeben sich bei Paarung von Siamesen und Burmesen je nach deren Färbung als intermediäre Erscheinungsform (Seite 35) farblich abweichende Tonkanesen. Vollpigmentierung dominiert über c^s und c^b.
Weiß: Die beim Wildtyp der Katze seltene Erbänderung für Weiß verursacht Pigmententzug im gesamten Haarkleid. Der dafür verantwortliche Faktor W wirkt epistatisch (Seite 39), d. h. er verhindert die Entfaltung pigmenterzeugender anderer Anlagen. Nur die ursprüngliche, von den Farbgenen des Erbbildes abhängige Augenpigmentierung bleibt bei weißen Katzen unverändert erhalten. Diese Erkenntnis (Robinson) veranlaßte in England die Zucht blauäugiger „Siamesen im weißen Kleid" (Orientalisch Kurzhaar Weiß bzw. Foreign White). Tragen sie die Erbanlage für Braun, so wirken ihre Augen wie bei Albinos rötlichblau. Das rezessive Normalgenpaar für Nicht-Weiß ist w^+/w^+.
Scheckung: Wahrscheinlich entwickelte sich die dominante Anlage für Weißscheckung (engl. piebald white spotting) im Zusammenhang mit der für Weiß. Scheckung wurde bei domestizierten Katzen schon früh beobachtet. Robinson bezeichnet die unregelmäßige „Englische Scheckung", bei der Weiß überwiegt, mit S/S (Nicht-Scheckung s^+/s^+). Dieses reinerbige Genpaar kann selbst eine völlige Weißfärbung des Körperfelles verursachen, ist aber meist durch nur wenige Farbtupfer auf Kopf, Körper und Schwanz gekennzeichnet (z. B. Chinese Harlequin, Van-Katze).
Daneben gibt es bei Kaninchen die gegenüber Nicht-Scheckung rezessive „Holländer-Scheckung". Manche Anzeichen sprechen dafür, daß auch bei Katzen rezessive Gene die Bildung einer solchen symmetrischen, gemäßigten Weißscheckung beeinflussen. Robinson jedoch führt sie ausschließlich auf die mischerbige Form (S/s^+) des dominanten Scheckungsfaktors zurück. Die weiße Scheckung beschränkt sich dabei manchmal auf einen winzigen, weißen Kehlfleck, wenige weiße Haare am Unterbauch oder, wie bei der Birmakatze, auf vier reinweiße Pfötchen. Ideal, und bei weißgescheckten (= Particolor) Katzen aller Rassen erwünscht, ist ein gleichmäßiger weißer „Gürtel" um den gesamten Oberkörper, weiße Pfötchen und eine ebenmäßige weiße Blesse auf dem Nasenrücken.
Einige Genetiker schreiben die relativ häufige Taubheit sowie Blauäugigkeit und verschieden gefärbte Augen (odd-eyes) weißer Katzen dem Faktor für Weiß zu. Shaw hingegen vermutet, daß diese Erscheinungen auf dem gleichzeitigen Vorliegen von Weiß und (Englischer) Scheckung beruhen, was zuweilen auch bei Kaninchen, Maus und Dogge neben konstitutioneller Schwäche Blindheit und Taubheit zu verursachen vermag. Taubheit könnte demnach bei Katzen die Folge frühembryonaler Störungen der Nervenzellbildung im Innenohr durch eine Zellwanderung sein, die der Scheckungsfaktor im Ohrbereich auslöst. In dieser umstrittenen Frage sind die Untersuchungen, die sich sehr schwierig gestalten, ebenfalls noch nicht abgeschlossen.
Normalhaar (Kurzhaar): Abgesehen von umweltbedingten Varianten ist das Fell der Wildkatze normalerweise eher mittellang als kurz und außerordentlich dicht. Es setzt sich aus harmonisch verteilten festen Leit- und kürzeren Grannenhaaren (Deckhaar) sowie weichen, kürzeren, wärmenden Wollhaaren (Unterwolle) zusammen. Für seine volle Ausbildung sind mehrere, meist dominante Erbanlagen verantwortlich. Ihre zahlreichen Mutationen bewirken verschiedenartige Felltypen mit für die Rassenbildung charakteristischen Zwischenformen.
Langhaar: Eines dieser dominanten Gene für normales Kurzhaar ist L^+. Seine Muta-

tion kommt gelegentlich in bislang kurzhaarigen Rassen vor (Somali, Cymric). Das Genpaar l/l bewirkt um ein Mehrfaches verlängertes Deckhaar und dichte, lange Unterwolle. Offenbar tragen noch weitere polymere Gene (s. S. 40) zu seiner vollen Ausbildung bei, denn erst sorgfältige Auslese führte allmählich zum Bild der heutigen Perserkatze. Eine Kreuzung mit Kurzhaar ergibt in der ersten Tochtergeneration gleichartige Nachkommen mit flauschigem Normalhaar, bei deren Paarung untereinander neben Lang- und Kurzhaar verschiedenartige Haar-Zwischenformen.

Kurzhaar (Seidenhaar): Das außergewöhnlich kurze, glänzende, seidig-straff anliegende Deckhaar mit spärlichem Unterfell vieler Siamesen, Orientalisch Kurzhaar, Burmesen und Bombay wird anscheinend ebenfalls rezessiv vererbt. Diese Mutation – bei Kaninchen als Seidenhaar (sa = Satin) bekannt – scheint auch bei niederen Umwelttemperaturen eine starke Unterfellentwicklung zu verhindern. Das bei anderen Rassen mittellange, wollige Babyfell erscheint hier plüschartig kurz und beginnt sich oft schon mit 8 Wochen zu glätten.

Bei Kreuzung von Katzen mit derartigem Seidenhaar und normal kurzbehaarten Partnern ergeben sich zunächst mischerbige Kurzhaar-Nachkommen. Weitere Paarungen untereinander bringen erfahrungsgemäß neben Kurzhaar wieder Seidenhaar hervor.

Kreuzt man eine seidenhaarige mit einer langhaarigen Katze, so besitzen alle mischerbigen Nachkommen der ersten Generation Kurzhaar. Im weiteren Zuchtverlauf entsteht, neben Nachkommen mit Kurz-, Lang- und Seidenhaar, ein neuer, für Lang- und Seidenhaar gleichermaßen reinerbiger Typ mit dichtem, nicht filzendem halblangem Haar und seidigem Langhaarschwanz (z. B. Birma).

Kurzhaar (Rex): Ähnliche Kreuzungsergebnisse zeigen die folgenden, gleichfalls rezessiven Haar-Mutationen untereinander oder mit einer der soeben beschriebenen Formen. Stets geht aus der ersten Tochtergeneration zunächst Kurzhaar hervor (Abb. 22). Der Name dieser Erbänderungen ist Rex und entstammt ebenfalls der Kaninchenzucht, wo er samtartig glattes, kurzes Fell bezeichnet. Bei Rexkatzen führt das fast vollständige Fehlen von Leit- und/oder Grannenhaaren zur Ausbildung von mehr oder weniger reichlichem, kurzem und außerordentlich weichem, gelocktem oder gewelltem Haar.

Wir unterscheiden heute einige genotypisch abweichende Rexmutationen, die fast gleichzeitig in verschiedenen Gegenden entdeckt wurden und deren Namen tragen. Neben einer längst verschollenen italienischen Form entstand als älteste Variante die *German Rex*, die bereits existierte, als im Jahre 1950 in Cornwall/England als „Gen I" die Mutation der *Cornish Rex* (r/r) auftauchte. Ob beide Formen völlig identisch sind, scheint noch nicht erwiesen (Normalhaar = R^+/R^+). Die *Devon Rex* (Gen II, re/re) wurde 1960 in England gefunden. In Amerika entdeckte man außerdem 1959 die *Oregon Rex* (ro/ro) und die der Cornish Rex entsprechende *Californian Rex*.

Haarlosigkeit, durch das rezessive Genpaar h/h hervorgerufen (Normalhaar = H^+/H^+), findet sich zuweilen u. a. in der Zucht von Devon Rex. Bekannt wurde diese Rasse durch die Kanadische Nacktkatze (Sphynx).

Drahthaar (Wirehair) mit dem Symbol Wh (Normalhaar = wh^+/wh^+) verhält sich gegenüber Normalhaar dominant. Diese harte, krause Haarform, die schon neugeborene American Wirehair aufweisen, ist ein wenig länger als Normalhaar.

Skelett-Mutationen: Zu den weniger günstigen Erbanlagen gehört die über normale Schwanzbildung (m^+/m^+) dominante Mutation für *Schwanzlosigkeit* (M), die schon vor Hunderten von Jahren in Asien bekannt war. Die ersten schwanzlosen Katzen unserer Zeit (Manx) wurden auf der Insel Man in der Irischen See gefunden. Zunächst ahnte man nichts von der tödlichen (letalen) Wirkung, die ihre Gene in reinerbiger Form auf die Embryonen ausüben. Erst bei Kenntnis der Mendelschen Erbgesetze fiel auf, daß die Geburtenzahlen von der Norm abwichen. Heute ist bekannt, daß nur mischerbige Katzen mit dem Allelenpaar M/m^+ lebensfähig und schwanzlos geboren werden (Rumpy). Die Wirbel des Rückgrates sind bei ihnen teilweise so stark verwachsen, daß der Rücken verkürzt erscheint und ein eigentümlich hoppelnder Gang entsteht. Die Ausbildung des reinerbigen Letalzustandes unterbleibt in ihrer Zucht nur dann, wenn sie mit stummelschwänzigen Manx (Stumpy) oder Katzen mit normalem Schwanz gepaart werden.

Auch Katzen mit *Stummelschwanz* (engl. bobtail) gab es schon vor Jahrhunderten in Asien (Bild 15). Diese Veranlagung scheint rezessiv vererbbar zu sein, ähnlich der ebenfalls aus dem Osten stammenden Erbanlage für *Knick-* oder *Knotenschwanz* (engl. kink; bei Shaw Symbol k; Normalschwanz demnach K^+). Echte Schwanzdeformationen zeigen sich bereits bei der Geburt. Eine leichte Verdickung der letzten Schwanzwirbel hingegen, die bei Katzen mit besonders langem Peitschenschwanz frühestens im Alter von 10 Wochen auftritt, läßt nicht unbedingt auf eine Anlage für Knickschwanz schließen.

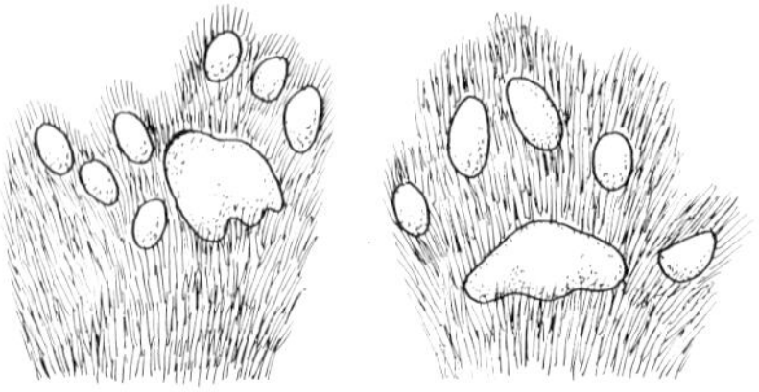

Abb. 18. Mehrzehigkeit (Polydactylie) war bei Mensch und Katze schon immer bekannt. Ihre Anlage ist dominant vererbbar und bei Katzen meist unerwünscht. Abb. 6 zeigt dazu im Vergleich eine normale Katzenpfote.

Mehrzehigkeit (Polydactylie, Pd, Abb. 18) wurde bei Mensch und Katze schon im Altertum beobachtet (Bild 15). Diese Anlage wird in gleicher Weise wie *vorgebauter Unterkiefer* (Vorbiß) dominant vererbt. Eine weitere dominant vererbbare Skelettveränderung bewirkt eine Verkümmerung der Ohrmuscheln (*Hängeohr*, engl. folded ears, Fd). Sie kann nicht mit den wirklichen Hängeohren, z. B. des Widderkaninchens, verglichen werden, bei denen auch die Gehörkapseln verändert sind.

Nach neuen Untersuchungen sind fast alle Skelett-Mutationen mit ungünstigen physischen Begleiterscheinungen verknüpft (Beckenverengung, verkrüppelte Glieder, Mißbildung innerer Organe durch einengende Verformung der Wirbelsäule und des Brustkorbs usw.).

Zu den vererbbaren Merkmalen zählt auch die Anlage für eine bestimmte *Kehlkopfstruktur*, die Einfluß auf die Stimm-Entwicklung hat. So scheint sich z. B. die modulationsfähige kräftige Stimme mancher Katzenrassen der zart verhaltenen „Normalstimme“ gegenüber rezessiv zu vererben.

Augen: Eine ebenfalls rezessive, vorwiegend bei Teil-Albinos beobachtete Erbanlage bewirkt durch völlige oder teilweise Lähmung der Muskeln, die den Augapfel nach den Seiten bewegen, das Schielen (engl. squint, Ophthalmoplegie). In den ersten Lebenswochen besitzen alle Katzen blaue Augen. Die spätere, endgültige *Augenfärbung* wird durch jene Erbanlagen gesteuert, die für die allgemeine Pigmentierung der Körperzellen verantwortlich sind. Außerdem regeln polymere Gene (s. S. 40) sowie die jeweilige Kondition die Intensität der Pigment-(=Melanin-)Einlagerung in den entsprechenden Augen-Abschnitten (Abb. 8). Eine der Formen bleibender Blauäugigkeit hängt von den Erbfaktoren für Teil-Albinismus (s. d.), die andere wahrscheinlich vom Scheckungsfaktor (s. d.) ab.

In beiden Fällen lagert Melanin nur im Augenhintergrund (Netzhaut). Melanin-Einlagerung in den vorderen Augenabschnitten (Iris, Ziliarkörper) ruft infolge Lichtbrechung goldene bis kupferfarbene Töne hervor. Schimmert durch eine dünne, bernsteinfarben erscheinende Melaninschicht im Augenvordergrund das mehr oder weniger star-

ke, scheinbare Saphirblau des Hintergrundes, so erhält man, je nach Lichteinfallswinkel, verschiedene Grade smaragdgrüner Töne. Eine bestimmte, wunschgemäße Augenfärbung kann wegen der unzähligen Möglichkeiten nur im Rahmen der im Erbbild verankerten Anlagen mit Hilfe züchterischer Auslese erzielt werden (s. S. 41).
Soweit bisher erforscht, enthält das Erbbild des wildfarbenen „Standard-Typus" der Hauskatze u. a. folgende Normalgene: A^+/A^+; B^+/B^+; C^+/C^+; D^+/D^+; fd^+/fd^+; H^+/H^+; i^+/i^+; K^+/K^+; m^+/m^+; pd^+/pd^+; R^+/R^+; Re^+/Re^+; Ro^+/Ro^+; s^+/s^+; Sa^+/Sa^+; t^+/t^+; w^+/w^+; wh^+/wh^+; $X\text{-}O^B/X\text{-}O^B$ (bzw. $X\text{-}O^B/Y$).

Das Erbbild einer Katze – dargestellt mit Hilfe der bekannten Symbole

Grundsätzlich ist – neben umweltbedingten und somit nicht vererbbaren Merkmalen (Modifikationen) – das Erscheinungsbild (Phänotypus) eines Lebewesens Ausdruck seines Gesamt-Erbbildes (Genotypus). Dieses setzt sich aus den zahlreichen übereinstimmenden Erbanlagen (Normalgenen) der Art und der jeweiligen Rasse sowie aus denjenigen veränderten Anlagen zusammen, die innerhalb dieser Rasse bestimmte Merkmalsunterschiede hervorrufen. Versucht man, vom Erscheinungsbild auf das Erbbild zu schließen, so wird man entweder allein die dominanten Erbanlagen oder diejenigen rezessiven Gene erfassen, für die eine Katze reinerbig ist. Rezessive Gene hingegen, deren Wirkung bei Mischerbigkeit von ihren dominanten Allelen ausgeschaltet wird, lassen sich nur bei Kenntnis des Erscheinungsbildes der Vorfahren und/oder Nachkommen aufspüren.
So ist z. B. das Erscheinungsbild eines schwarzen Perserkaters von den Genen abhängig, die – abweichend vom wildfarbenen Normaltyp – Nicht-Wildfärbung (a/a) und Langhaar (l/l) verursachen. Erst bei Kenntnis seiner Eltern (Tab. 1) wird deutlich, daß er Träger (carrier) für weitere Erbanlagen sein muß, die eventuell für seinen Zucht-Einsatz wichtig werden könnten. So übertrug ihm im Beispiel der Colourpoint-Vater ein Gen für Teil-Albinismus (Siamfaktor), das sich dem von der Mutter stammenden Normalgen für Vollpigmentierung gegenüber jedoch nicht durchsetzen konnte (C^+/c^s). Von der blauen Mutter übernahm er ein Gen für Verdünnung, das sich dem vom Vater stammenden Normalgen für Nicht-Verdünnung gegenüber nicht auswirkt (D^+/d).

Perser Schwarz a/a C^+/c^s D^+/d (l/l)	Vater: *Perser Colourpoint Sealpoint* a/a c^s/c^s D^+/d (l/l)	Großvater: *Perser Colourpoint Sealpoint* a/a c^s/c^s $D^+/–$ (l/l)
		Großmutter: *Perser Blau* a/a C^+/c^s d/d (l/l)
	Mutter: *Perser Blau* a/a C^+/c^s d/d (l/l)	Großvater: *Perser Colourpoint Bluepoint* a/a c^s/c^s d/d (l/l)
		Großmutter: *Perser Schwarz* a/a D^+/d $C^+/–$ (l/l)

Tabelle 1. Nur bei Kenntnis der Ahnen läßt sich das Erbbild einer Katze zutreffend darstellen (weitere Erläuterungen dazu im Text).

Da Langhaarigkeit in diesem Fall ein allen Ahnen gemeinsames Rassemerkmal ist, das sich bei entsprechender Paarung rein weitervererbt, hätte es im Beispiel nicht genannt zu werden brauchen, es sei denn, man plante die Paarung mit Normalhaar (L^+/L^+).

A^+/A^+; A^+/a	Agouti (Wildfärbung, Ticking, Bänderung); s. S. 26
a/a	Non-Agouti (Nicht-Wildfärbung)
B^+/B^+; B^+/b; B^+/b^l	Nicht-Braun,
b/b; b/b^l	Braun (Chocolate) s. S. 28
b^l/b^l	Hellbraun (Caramel)
b^l/b^l d/d	Creme (Cream)
C^+/C^+; C^+/c^b; C^+/c^s; C^+/c	Vollpigmentierung; s. S. 29
c^b/c^b	Burmese
c^s/c^s; c^s/c	Teil-Albino (Siam- oder Maskenfaktoren)
c^b/c^s	Tonkanese
c/c	Albino
D^+/D^+; D^+/d	Nicht-Verdünnung; s. S. 28
d/d	Verdünnung (Maltese dilution)
b/b d/d	Lila (Lilac); s. S. 40
Fd/Fd; Fd/fd^+	Folded ear (Hängeohr); s. S. 32
fd^+/fd^+	Normalohr
H^+/H^+; H^+/h	Normalhaar
h/h	Haarlosigkeit s. S. 31
I/I; I/i^+	Silberung (Melanin-Inhibitor); s. S. 28
i^+/i^+	Nicht-Silberung
K^+/K^+; K^+/k	Normalschwanz; s. S. 32
k/k	Knick- oder Knotenschwanz
L^+/L^+; L^+/l	Normalhaar; s. S. 30
l/l	Langhaar
M/m^+	Manx, Schwanzlosigkeit (Rumpy); s. S. 31
m^+/m^+	Normalschwanz
Pd/Pd; Pd/pd^+	Mehrzehigkeit (Polydactylie); s. S. 32
pd^+/pd^+	Normalzehigkeit
R^+/R^+; R^+/r	Normalhaar
r/r	Rex, Gen I (German, Cornish, Californian); s. S. 31
Re^+/Re^+; Re^+/re	Normalhaar
re/re	Rex, Gen II (Devon); s. S. 31
Ro^+/Ro^+; Ro^+/ro	Normalhaar
ro/ro	Rex, Oregon; s. S. 31
S/S	Weißscheckung (Englische Scheckung); s. S. 30
S/s^+	Weißscheckung (Holländer Scheckung)
s^+/s^+	Nicht-Scheckung
Sa^+/Sa^+; Sa^+/sa	Normalhaar
sa/sa	Seidenhaar (Satin); s. S. 31
T^a/T^a; A^+/A^+ T^a/t^+	Nicht-Tabby (Abessiniertabby); s. S. 26
t^+/t^+; t^+/t^b	Tigerung (Mackerel Tabby)
t^b/t^b	Stromung (Blotched Tabby, Räderzeichnung)
A^+/a T^a/t^+; A^+/a T^a/t^b	Tupfung (Spotted Tabby)
W/W; W/w^+	Weiß; s. S. 30
w^+/w^+	Nicht-Weiß (Vollpigmentierung)
Wh/Wh; Wh/wh^+	Wirehair (Drahthaar); s. S. 31
wh^+/wh^+	Normalhaar
$X\text{-}O^B/X\text{-}O^B$	Nicht-Rot (Kater: $X\text{-}O^B/Y$)
$X\text{-}O^B/X\text{-}O^R$	Schildpatt (nur weiblich)
$X\text{-}O^R/X\text{-}O^R$	Rot (Kater: $X\text{-}O^R/Y$); s. S. 27

Weitere Mutationen (Robinson 1973):

dp	duplicated pinnae	n	nepetalactone intensity
hy	hydrocephalus	Sh	split hand

Tabelle 2. Übersicht über Erbanlagen, die jeweils für volle Merkmalsausbildung im Gesamt-Erbbild einer Katze vorliegen müssen.

Dieses Beispiel zeigt deutlich, daß nur wenige Charakteristika zur Darstellung eines Erbbildes genügen. In gleicher Weise kann man anhand der Erbanlagen-Übersicht (Tab. 2) jede vom Normaltyp abweichende Erscheinungsform einer Katze mit den wichtigsten Gen-Symbolen zutreffend und ausreichend beschreiben.
Man darf jedoch dabei niemals die Vorstellung von den Wechselbeziehungen der zahlreichen anderen Erbanlagen des Gesamt-Erbbildes aus den Augen verlieren!

Erbgesetze im Zusammenspiel

Die meisten Erbvorgänge spielen sich zwischen dominanten Erbanlagen und ihren rezessiven Allelen ab und werden daher als dominant-rezessiv bezeichnet.
Bei Paarung von Lebewesen, die für das gleiche Merkmal reinerbig sind (z. B. für Blau), entstehen ausschließlich Nachkommen mit dem Erscheinungsbild der Eltern.
Unterscheiden sich jedoch zwei reinerbige Eltern in bezug auf dieses eine Merkmal (z. B. Blau der eine, reinerbig Nicht-Blau, d. h. Schwarz der andere Elternteil), so ergibt dieser *monohybride Erbgang* (Abb. 19) in der ersten Tochtergeneration nur mischerbige, nicht-blaue Nachkommen (*Mendelsches Uniformitätsgesetz*). Bei Mischerbigkeit auch nur eines Elternteiles hätte man die Nachkommen voneinander unterscheiden können!
Werden die gleichartig scheinenden schwarzen Nachkommen der F_1-Generation später untereinander gepaart (in der Praxis nimmt man dazu Nachkommen aus ähnlichen Verbindungen), so spaltet (mendelt) die F_2-Generation nach dem *Mendelschen Spaltungsgesetz* im Verhältnis 1 (reinerbig Schwarz) : 2 (mischerbig Schwarz) : 1 (reinerbig Blau) aus. Nach dem äußeren Erscheinungsbild ist das Verhältnis 3 (Schwarz) : 1 (Blau). Dem *Mendelschen Unabhängigkeitsgesetz* entsprechend verbinden sich die in den verschiedenen Chromosomen der elterlichen Keimzellen (Gameten) ruhenden Gene während des Befruchtungsprozesses ganz zufällig miteinander. Daher zeigen praktische Zuchtergebnisse erst bei größerer Nachkommenzahl das theoretisch zu erwartende Zahlenverhältnis. Um zu genaueren Ergebnissen zu gelangen, müßte man die Wahrscheinlichkeitsrechnung heranziehen, deren Formeln vor allem in der menschlichen Sippenforschung unentbehrlich sind. Doch in der Katzenzucht wird in der Regel auf mathematische Berechnung verzichtet.
Einen Zuchtverlauf, in dem sich bestimmte Gene ihren eigenen Allelen gegenüber nur unvollständig dominant zeigen, ihre Wirkung also nur teilweise ausschalten, nennt man einen „zwischenelterlichen" oder *intermediären Erbgang*. Dieser läßt sich z. B. bei Vorliegen des Gens für Silberung (s. S. 28), für Weißscheckung (s. S. 30) oder bei multiplen Allelen der Tabby- oder der Albino-Serie (Abb. 20) beobachten, deren Gene insgesamt im gleichen Gen-Ort ihrer Chromosomen ruhen. Allerdings vermag jedes Lebewesen jeweils nur ein Paar der zu einer solchen Serie gehörenden Gene auf einmal im Erbbild zu tragen. Die direkten Nachkommen von Eltern, von denen jeder für eine andere ihrer Kombinationen reinerbig ist, ähneln sich und zeigen auf Grund ihrer Mischerbigkeit ein „dazwischenliegendes" (intermediäres) Erscheinungsbild. Im weiteren Zuchtverlauf ergibt sich in der F_2-Generation neben den beiden reinerbigen Ausgangstypen wiederum mischerbiger Nachwuchs.
Auch das Äußere der schwanzlosen Manx (s. S. 31), die nur im mischerbigen Zustand lebensfähig ist, sowie das der Schildpattkätzin, die Rot in Verbindung mit Nicht-Rot zeigt, kann als intermediär bezeichnet werden.
Die Entstehung von Schildpatt (s. S. 27) im *geschlechtsgebundenen monohybriden Erbgang* zeigt Abbildung 21: Bei Paarung roter und nicht-roter (= schwarzer) Partner ergeben sich einfarbige Kater und schildpattfarbene, rote und schwarze Kätzinnen.
Eine Sonderform der Vererbung stellen die im gleichen Chromosom, doch in verschiedenen Gen-Orten liegenden *gekoppelten Gene* (Koppelungsgruppen) dar, die in der Re-

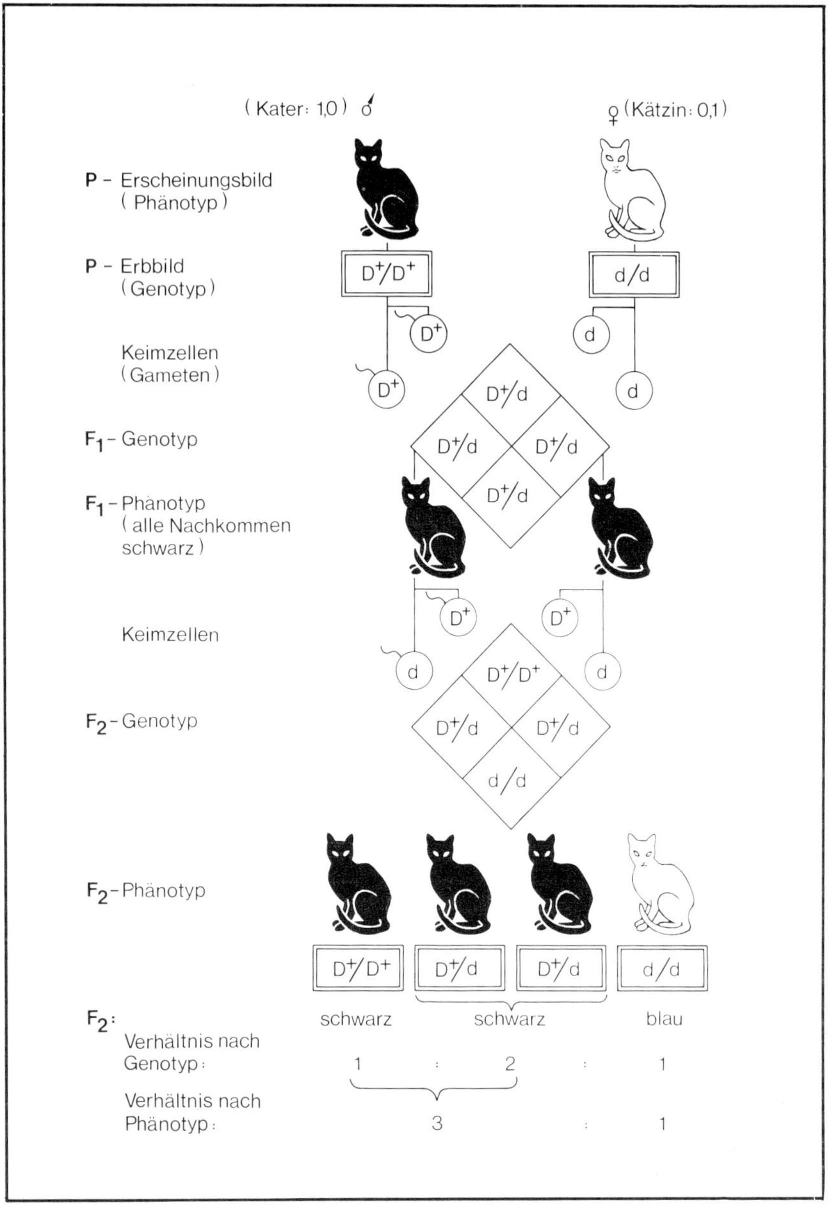

Abb. 19. Monohybrider Erbgang (dominant-rezessiver Erbgang) der Kreuzung zwischen nicht-verdünnter Farbe (= Schwarz, D^+/D^+) und verdünnter Farbe (= Blau, d/d). (Erklärung dazu im Text; Zeichnung nach Malcolm Lauder.)

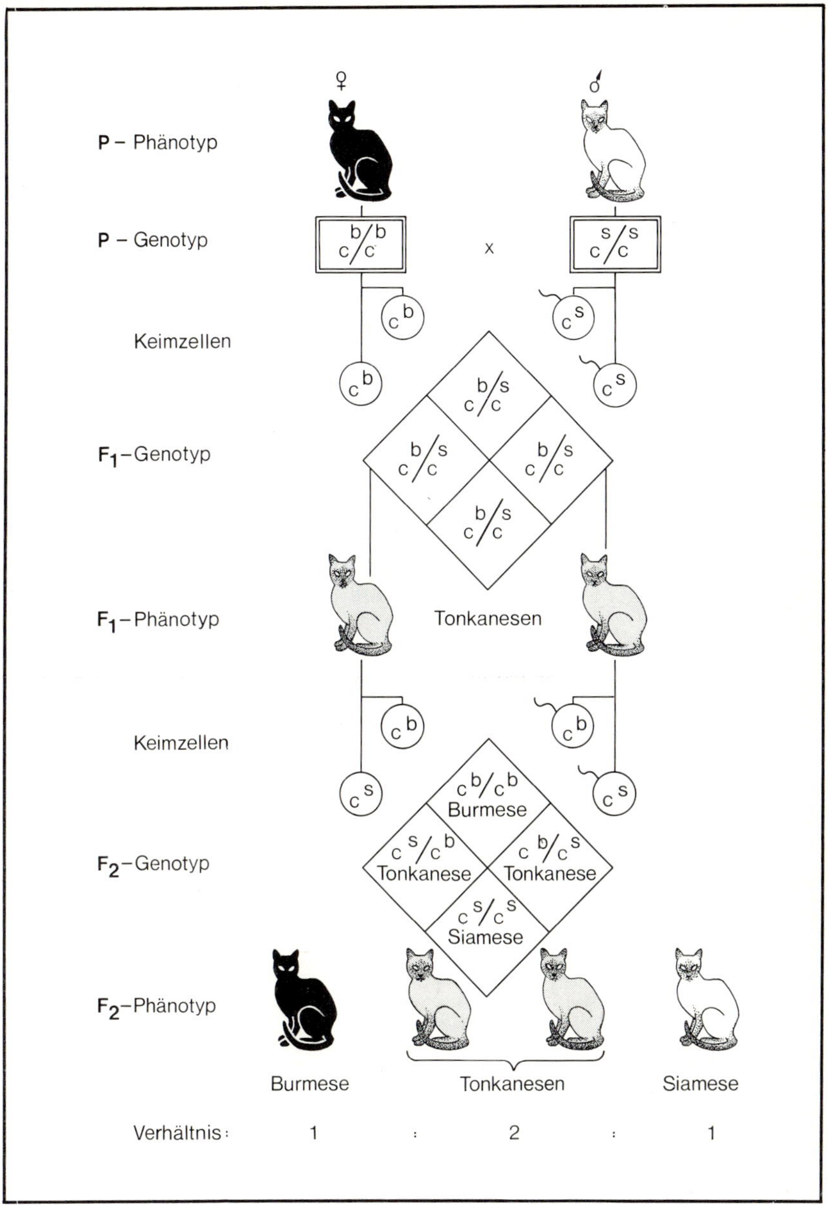

Abb. 20. Intermediärer Erbgang der Kreuzung zwischen einem Burmesen (c^b/c^b) und einem Siamesen (c^s/c^s).

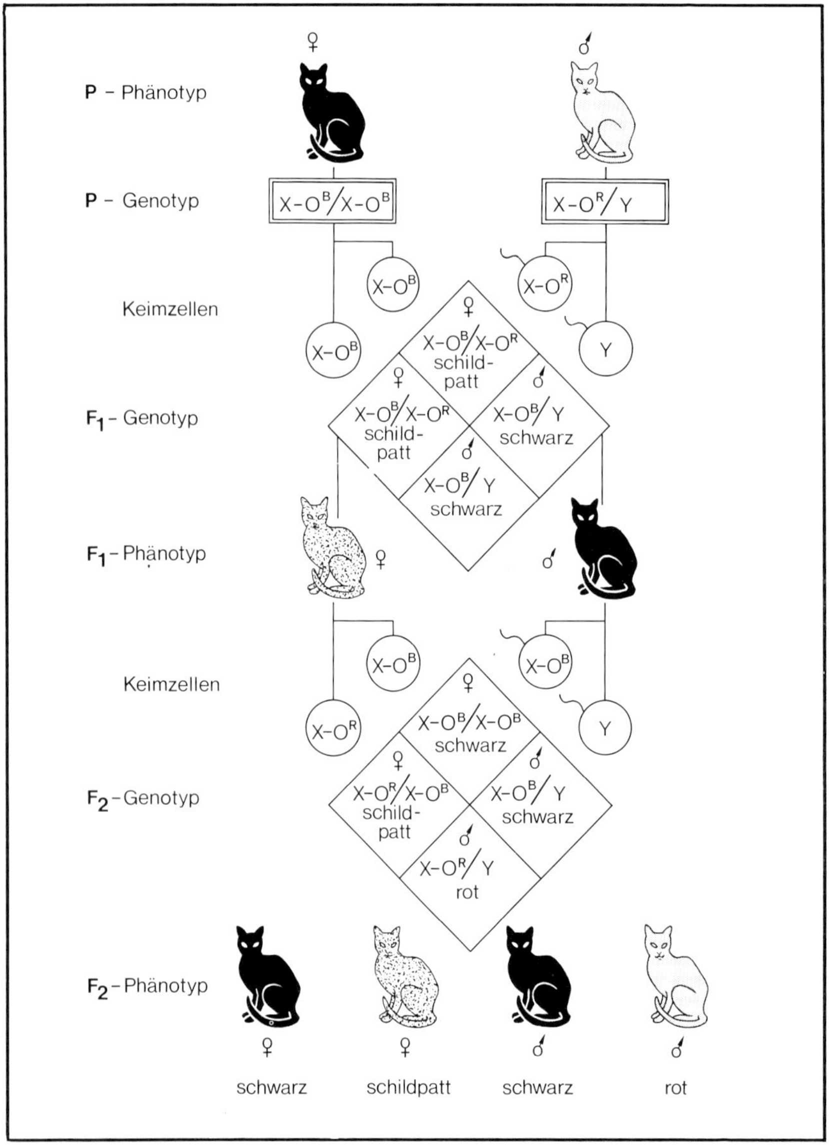

Abb. 21. Geschlechtsgebundener monohybrider Erbgang der Kreuzung zwischen einem roten Kater ($X\text{-}O^R/Y$) und einer schwarzen Kätzin ($X\text{-}O^B/X\text{-}O^B$).

gel in ihrer Gesamtheit auf die Nachkommen übergehen und somit nicht dem Gesetz der freien Kombination der Gene unterliegen. Derartige Erbanlagen wurden bei Katzen noch nicht näher erforscht, obwohl sie zweifellos vorhanden sind.

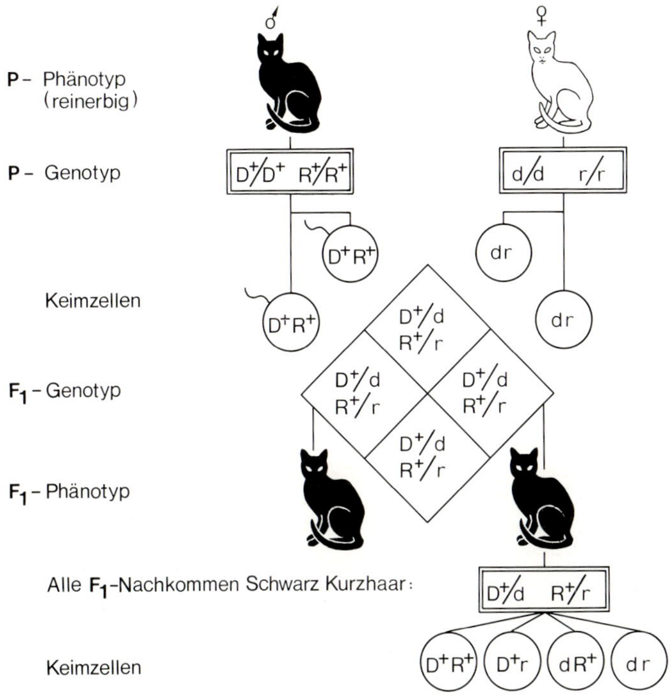

♀ \ ♂	D^+R^+	D^+r	dR^+	dr
D^+R^+	D^+/D^+ R^+/R^+ schwarz KH	D^+/D^+ R^+/r schwarz KH	D^+/d R^+/R^+ schwarz KH	D^+/d R^+/r schwarz KH
D^+r	D^+/D^+ R^+/r schwarz KH	D^+/D^+ r/r schwarz Rex	D^+/d R^+/r schwarz KH	D^+/d r/r schwarz Rex
dR^+	D^+/d R^+/R^+ schwarz KH	D^+/d R^+/r schwarz KH	d/d R^+/R^+ blau KH	d/d R^+/r blau KH
dr	D^+/d R^+/r schwarz KH	D^+/d r/r schwarz Rex	d/d R^+/r blau KH	d/d r/r blau Rex

F_2-Genotyp: 16 Kombinationen

F_2-Phänotyp Verhältnis:
9(Kurzhaar Schwarz): 3(Rex Schwarz):
3(Kurzhaar Blau): 1 (Rex Blau).

Abb. 22. Dihybrider Erbgang der Kreuzung zwischen zwei Genpaaren von Kurzhaar Schwarz (D^+/D^+ R^+/R^+) mit Cornish Rex Blau (d/d r/r).

Während dominante Anlagen die Wirkung der eigenen Allele ausschalten, unterdrükken *epistatische Anlagen* die Wirkung von Genen in anderen Chromosomen (unterdrückte Anlagen werden hypostatisch genannt). So vermag das epistatische Gen für

Weiß (s. S. 30) die Bildung von Pigmenten in Haut und Haaren, selbst von Agouti und Tabbyzeichnung, zu verhindern, ohne die Vererbungsfähigkeit ihrer Gene zu beeinträchtigen. Nur die ursprüngliche Augenpigmentierung bleibt trotzdem voll erhalten.
Die Kreuzung von zwei Lebewesen, in deren Gesamt-Erbbild sich zwei Genpaare voneinander unterscheiden, wird *dihybrider Erbgang* genannt (Abb. 22). Zu seiner Darstellung müssen stets die entsprechenden Anlagen in den gleichen Gen-Orten des Partners mit herangezogen werden. Für die im Beispiel kurzhaarigen schwarzen F_1-Nachkommen gilt ebenfalls das Mendelsche Uniformitätsgesetz. Zur weiteren Paarung untereinander werden die einzelnen Gene beider Genpaare der F_1-Generation jeweils miteinander kombiniert und, entsprechend dem Gesetz der freien Kombination der Gene, als Gameten (Keimzellen) in das dargestellte *Kombinationsquadrat* eingesetzt. In der F_2-Generation sind 16 Genotypen im klassischen Zahlenverhältnis von 9 (Kurzhaar schwarz) : 3 (Rex schwarz) : 3 (Kurzhaar blau) : 1 (Rex blau) zu erwarten. Hieraus ergibt sich, daß aus einem solchen Erbgang zwei neue Kombinationsrassen hervorgehen (Kurzhaar blau und Rex schwarz). In den stark umrandeten Feldern befinden sich die reinerbigen Typen.
Ähnlich verläuft auch die Kreuzung von Blau (B^+/B^+ d/d) und Braun (b/b D^+/D^+) mit dem Zuchtziel, eine lila Variante einer bestimmten Rasse zu erlangen. Bei Paarung der einheitlich schwarzen F_1-Nachkommen ergeben sich in der F_2-Generation gleichfalls 16 Möglichkeiten im klassischen Verhältnis von 9 (Schwarz) : 3 (Blau) : 3 (Braun) : 1 (Lila), mit einem reinerbigen Nachkommen jeder Farbe.
Im *trihybriden Erbgang* entstehen bei Kreuzung drei verschiedener Genpaare jedes Partners 64 Gen-Kombinationen mit theoretisch acht Phänotypen im Verhältnis von 27 : 9 : 9 : 9 : 3 : 3 : 3 : 1.
Um ein Mehrfaches steigern sich die Möglichkeiten bei der *Polymerie*, bei der zwei oder mehrere „summierende" Faktoren auf das gleiche Merkmal einwirken (Modifikatoren). Damit erzeugen sie besonders in bezug auf die umweltabhängigen, physiologischen Eigenschaften (Mengen- oder Nutzeigenschaften, z. B. Fellbildung und Größenwachstum) oder auf Farbschattierungen (s. S. 28) verschiedene Abstufungen oder Merkmalsgrade (Nuancen). Ihre Wirkung erscheint gesteigert, sobald die Anzahl der beteiligten Erbanlagen zunimmt.
Wenn zwei ungleichartige reinerbige Eltern nach einer intermediären, gleichartigen F_1-, später eine sehr unterschiedliche F_2-Generation hervorbringen, kann dies der Beweis dafür sein, daß dem Erbgang derartige rezessive polymere Gene zugrunde lagen. Je mehr solcher Gene am Erbgeschehen beteiligt sind, desto kleiner wird der Anteil derjenigen F_2-Nachkommen, die wie ihre Eltern und Großeltern aussehen.
Auf der gezielten Auslese der zahlreichen Variationen bestimmter Gene sowie der Vielzahl polymerer Erbanlagen beruht die gesamte Rassenbildung in der Tierzucht – auch in der Zucht von Rassekatzen.

Zucht mit Verstand

In einer sorgfältig geplanten Zucht kommt es nicht darauf an, Vorhandenes zu reproduzieren, zu vermehren, sondern Nachwuchs zu gewinnen, der in seinen körperlichen und charakterlichen Qualitäten seine Eltern womöglich übertrifft. Dies kann nur in Verbindung theoretischer Kenntnisse mit praktischer Erfahrung unter optimalen Umweltbedingungen erreicht werden.
Meist beginnt der unerfahrene Züchter zunächst damit, zwei dem Standard ihrer Rasse entsprechende Katzen ohne tiefere Überlegungen miteinander zu paaren. Da das Ergebnis in der Regel überraschend gut ausfällt, ermutigt es zu weiteren Versuchen. Die Hybriden erscheinen kräftig, widerstandsfähig und gesund („Hybridkraft", Vigor).

Derartige Anfangserfolge werden trotz moderner Erkenntnisse häufig einer „Blutauffrischung“ zugeschrieben. Sie beruhen jedoch in Wahrheit auf einem „Luxurieren der Bastarde“ (Heterosis), da die Erbanlagen der nicht miteinander verwandten Eltern keine Übereinstimmung aufweisen. So bleiben auch die überwiegend rezessiv vererbbaren, negativen Erscheinungen bei den Nachkommen aus. In Verbindung mit anderen Zuchtformen (*Kombinationszucht*) wird diese *Kreuzungszucht* aus praktischen und kommerziellen Gründen meist in der Nutztierzucht durchgeführt. Sie bringt hingegen keine Dauererfolge, da sie Mängel nicht ausmerzt, sondern nur verdeckt. Denn entscheidend ist in Wirklichkeit, nur immer diejenigen Nachkommen erstklassiger Eltern für eine Weiterzucht einzusetzen, die frei von Erbfehlern sind. Diese züchterische Auslese wird *Selektion* genannt; sie kann nur bei Kenntnis des Erbbildes erfolgreich sein.
Um ein rezessiv vererbbares, nicht sichtbares, unerwünschtes Merkmal aufzuspüren (z. B. Knickschwanz), wird eine Katze mit einem Partner gepaart, der dieses Merkmal zeigt oder nachweislich im Erbgut trägt. Allerdings sollte garantiert werden, daß wenigstens die aus einer solchen *Testpaarung* stammenden, nicht standardgemäßen Nachkommen von der Weiterzucht ausgeschlossen werden. Die gleiche Testmethode gebraucht man auch dann, wenn man z. B. feststellen will, ob eine Sealpoint-Siamesin reinerbig schwarz ist oder nicht (*Reinerbigkeitsprüfung*). Dazu wählt man für sie einen Partner, der die bei ihr vermuteten rezessiven Gene für Braun und Verdünnung besitzt (Lilacpoint). Zeigt sich auch nach mehrmaliger Paarung lediglich Sealpoint-Nachwuchs, so findet man ihre Reinerbigkeit bestätigt. Nur ein einziges blau, braun oder lila gefärbtes Jungtier enthüllt ihre Mischerbigkeit. Die *Rückkreuzung* eines mischerbigen Nachkommen zu seinem reinerbigen Elternteil beruht auf dem gleichen Prinzip und dient ebenfalls der Erforschung verdeckter Erbanlagen.
Der Aufbau rein vererbender (= homozygoter, „durchgezüchteter“) Zuchtstämme wird am besten mit den verschiedenen Verfahren der *Inzucht* erreicht. Mit ihrer Hilfe lassen sich sowohl erwünschte Eigenschaften verstärken und fördern als auch unerwünschte Merkmale aufdecken. Doch immer muß sorgfältige, konsequente Selektion das Gelingen unterstützen!
Die engste Inzuchtform ist die *Inzestzucht*. Sie gründet sich auf die Paarung von Geschwistern untereinander oder mit ihren Eltern. Da besonders Geschwisterpaarung mit Risiken verknüpft ist, läßt sie sich nur dann vertreten, wenn es gilt, über ein unbekanntes Erbbild Klarheit zu gewinnen. Rückkreuzung zu den Eltern versieht den gleichen Dienst, ist aber nicht ganz so riskant, da das Erbgut von Eltern und Kindern nur teilweise übereinstimmt. Weniger enge Inzuchtprogramme (Abb. 23, Zuchtpläne) beruhen auf der Paarung von Halbgeschwistern, Vettern und Basen, Neffen, Nichten, Onkeln und Tanten oder von Großeltern und Enkeln. Dabei hat die letzte Methode den Vorteil, daß bewährte Zuchtkatzen mit bekannten Erbanlagen für die Weiterzucht herangezogen werden können.
Möchte man die Eigenschaften eines besonders wertvollen, für seine Anlagen reinerbigen Elternteils allmählich verstärken, so entscheidet man sich für die Linienzucht (wie im dritten Plan). Dabei läßt sich der Anteil der Erbanlagen, die auf die Nachkommen übergehen, schon im voraus theoretisch bestimmen: Kater C gibt bei einer Paarung die Hälfte seiner Gene an seine Nachkommen weiter. Werden diese zu ihm selbst zurückgepaart, so verstärkt sich bei deren Nachkommen allmählich der Anteil seiner Erbanlagen; im gleichen Maße verringert sich derjenige der weniger wertvollen anderen Anlagen. Der Genverlust („Ahnenverlust“) durch die Reifungsteilung (s. S. 24) gleicht sich auf diese Weise allmählich wieder aus. Werden hingegen für die Nachzucht dieses Katers in Zukunft ausschließlich fremde Partner herangezogen, so vermindert sich dessen Anteil am Erbgut von Generation zu Generation und ist nach etwa sieben Generationen gleich Null (*Verdrängungskreuzung*).

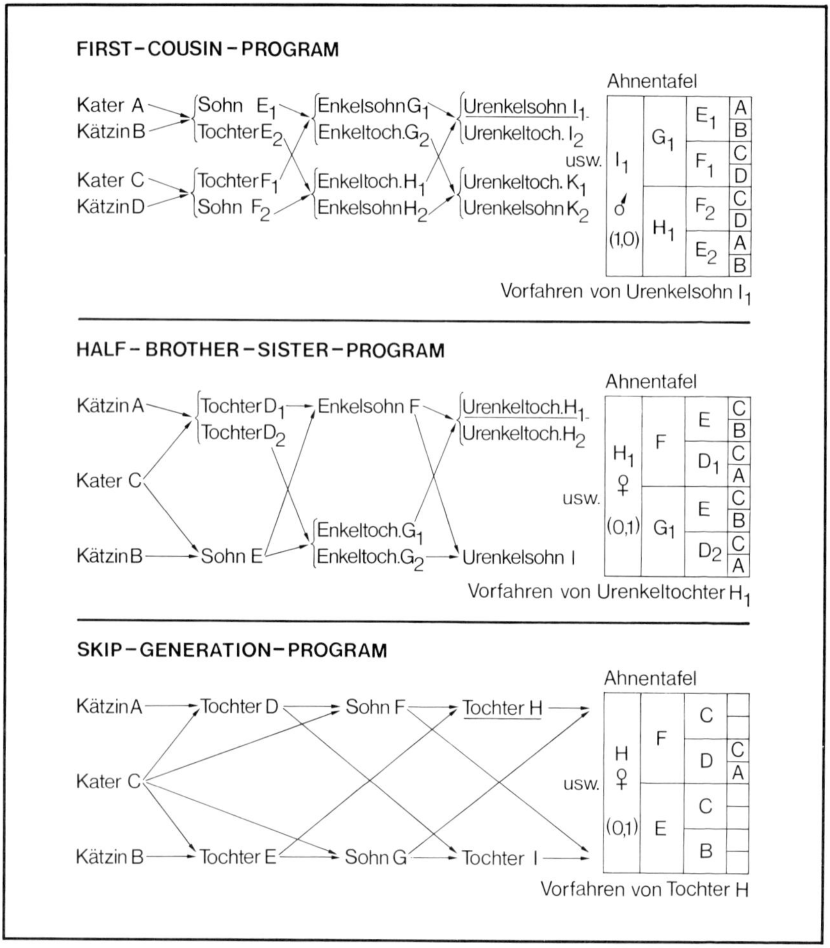

Abb. 23. Verschiedene englische Zuchtpläne in „Linienschema" und Ahnentafel.

Sobald es mit Hilfe eines Zuchtplanes oder Zuchtprogramms gelungen ist, aus Inzuchtstämmen mittels sorgfältiger Auslese alle unerwünschten Erbfaktoren zu entfernen und die übrigen Anlagen in den nachfolgenden Generationen reinerbig zu bewahren, hüte man sich vor Fremdeinkreuzung! Besser ist es, mehrere Familien zugleich in mäßiger Inzucht zu halten und zwischen diesen regelmäßige Kreuzungen durchzuführen, damit die Zucht nicht „ermüdet" und in sich „elastisch" bleiben kann. Muß man sich aber doch zur Zucht mit fremden Partnern entschließen, so sollte anhand der Ahnentafeln der zukünftigen Partner, die sich zu diesem Zweck, wie bei den Zuchtplänen, als „Linienschema" darstellen lassen, eine genaue Prüfung des Verwandtschaftsverhältnisses erfolgen. Nur so läßt sich zunächst feststellen, ob auf Grund übereinstimmender Vorfahren gemeinsame, sich ergänzende wünschenswerte Erbanlagen vorliegen, die sich im

weiteren Zuchtverlauf eventuell bei den Nachkommen wiederum zu zeigen vermögen. Das standardgemäße Äußere der füreinander bestimmten Partner kann täuschen, während bereits erzielte Nachzucht für eine Beurteilung u. U. von großer Bedeutung ist.
Gewiß wäre es möglich, bei Kenntnis der zugrunde liegenden Erbgesetze und Erbanlagen weitere neue Katzenrassen und Varietäten zu entwickeln. Doch in der Praxis sind diesem Bestreben Grenzen gesetzt, da es nicht leicht ist, für neue Züchtungen einen entsprechend interessierten Liebhaberkreis und das nötige Wohlwollen der maßgebenden Zuchtverbände zu finden.

Wie entstehen Rassestandards?

In sämtlichen Bereichen der Tierzucht bildet der Standard die genaue Beschreibung einer Rasse oder Varietät. Er unterliegt laufend der Überarbeitung durch Zuchtverbände. Die zum Standard gehörende Punktskala dient den Zuchtrichtern auf Schönheitskonkurrenzen oder Leistungswettbewerben als Bewertungsgrundlage. Um die offizielle Anerkennung einer Zucht und damit einen Standard zu erlangen, muß deren Züchter oder die Züchtergruppe bestimmte Voraussetzungen erfüllen, die sich in allen Zuchtverbänden der Welt ähneln.
In der Rassekatzenzucht bedarf jedes Zuchtvorhaben der Anmeldung bei der Organisation, der ein Züchter angehört. Nach Genehmigung wird die Registrierung der Neuzüchtung im Experimental-Zuchtbuch unter „Andere, noch nicht anerkannte Varietäten“ (engl.: any other variety, AOV) vorgenommen. Derartige Katzen dürfen (im Bereich der FIFE) auf Ausstellungen nicht konkurrieren, da den Zuchtrichtern noch kein Standard vorliegt. Wenn jedoch nach gelungenem Zuchtvorhaben sechs Katzen aus drei durchgezüchteten Generationen anläßlich einer Schau einem internationalen Richterkomitee zur Beurteilung vorgestellt werden konnten, wird neben einer (befristeten) provisorischen Anerkennung ein Standard mit Rasse- oder Farbnummer und Punktskala erstellt. Erst damit ist die Neuzüchtung konkurrenzfähig, wenngleich sie vorläufig auch noch kein Championat erringen kann.
In den unabhängigen europäischen Verbänden (ICFCE) sowie in Amerika legt der Züchter bereits zum Zwecke der Anmeldung und Registrierung eine genaue Rassebeschreibung, die zugleich seine Züchtungsgrundlage bilden soll, vor. Sind nach einiger Zeit genügend (oftmals mindestens hundert) dieser neugezüchteten Rassekatzen beim zuständigen Zuchtbuchamt registriert, erfolgt nach nochmaliger Überprüfung die offizielle Anerkennung.
Wann derartige Katzen auf Ausstellungen mit anerkannten Rassen voll konkurrieren dürfen, d. h. den „Championship-Status“ erwerben, unterliegt innerhalb der Cat Fancy keiner einheitlichen Regelung. Jedoch sind sich alle Verbände einig, daß erst die vierte Reinzucht-Generation als „rasserein“ gilt. Welche Rassen dabei untereinander gepaart werden können, ohne daß dieser „Reinzucht-Status“ verloren geht, bestimmen die maßgebenden Zuchtrichtlinien.
Die folgenden, alphabetisch geordneten Rassestandards sind bei den durch FIFE und GCCF anerkannten Rassen mit den deutschen, bei amerikanischen mit den dort üblichen Namen überschrieben. Darunter befinden sich die bekanntesten weiteren Bezeichnungen. Den Abschluß bilden Kommentare mit Angaben über züchterische Besonderheiten. Eine Zusammenfassung der europäischen Farbnummern folgt auf Seite 79.

Rassebeschreibungen – Kommentare

Abessinier – Kurzhaar – mittelkräftige Form
(Abyssin, Chat lièvre, Abyssinian, Abessijnen)
Kopf: Keilförmig, lang.
Ohren: Verhältnismäßig groß, spitz, weit offen im Ansatz.
Augen: Groß, leuchtend, ausdrucksvoll.
Körper, Glieder: Nicht groß oder schwerfällig, kleine Füße.
Schwanz: Ziemlich lang und spitz.
Fell: Kurz, fein, dicht.
Bemerkungen, Fehler: Keine Flecken- oder Streifenzeichnung. Kein Weiß (Weiß am Kinn unerwünscht!). Ein dunkler Streifen auf dem Rücken gestattet.

Punktskala
(FIFE, GCCF)

Kopf, Ohren	15
Augen	5
Körperbau Schwanz, Füße Fell, Haltung	20
Körperfarbe	30
Ticking	20
Kondition	10
	100

Farbschläge der Abessinier
Wildfarben (Normal, Ruddy), Nr. 23 Bild 18
Fell braunrot. Jedes Haar möglichst doppelt oder dreifach mit Schwarz oder Dunkelbraun gebändert (getickt). Bauch und Innenseite der Beine rötlichbraun. Ballen und Sohlenstreifen der Hinterbeine schwarz. *Augen* grün, gelb oder haselnußfarben.
Rot (Roux, Red bzw. Cinnamon), Nr. 23 a Bild 19
Fellfarbe warmes Kupferrot. Jedes Haar doppelt oder dreifach mit Dunkelrot gebändert. Möglichst kräftige Kontraste. Bauch und Innenseite der Beine aprikosenfarben, harmonisch zur Rückenfärbung passend. *Nasenspiegel* und *Fußballen* rosa; Sohlenstreifen und Schwanzspitze braun. *Augen* grün, gelb oder haselnußfarben.
Kommentar zu Abessinier
Diese „Agouti-Katze reinster Prägung“ wurde bereits im 19. Jahrhundert gezüchtet. Bei ihr differieren Erbbild und Erscheinungsbild, denn im Idealfall sind nur Schwanzspitze und Sohlenstreifen voll pigmentiert. So erscheint die genotypisch schokoladenbraune Abessinier rot, während daneben die „echte“ rote Abessinier existiert (s. S. 27). Lila wirkt wie cremefarben. Vergleichsweise „kalte“ Farben (Silber, Blau, Lila) sollten nur untereinander zur Zucht genommen werden, um die Rottönung des Unterfelles bei bisher anerkannten Varietäten nicht zu verderben. (Einschränkung des Weiß am Kinn läßt sich nur durch Selektion erreichen.)
Abessinier sind gesellig und freundlich, ihre Stimme ist sanft und unaufdringlich.

American Shorthair – Kurzhaar – schwere Form
(Domestic Shorthair, Amerikanische Kurzhaarkatze)
Kopf: Groß, mit vollwangigem Gesicht (bei Katern ausgeprägte Katerbacken), so daß Eindruck eines ein wenig längeren als breiten Ovals entsteht, das nach vorne nahezu quadratisch wird.
Kinn: Fest, gut entwickelt, mit Oberlippe eine senkrechte Linie bildend.
Nase: Mittellang, in der ganzen Länge gleichbreit, sanft gebogen.
Ohren: Mittelgroß, Spitzen gerundet. Weitgesetzt, doch an der Basis nicht übermäßig weit offen.

Augen: Rund, groß, zum äußeren Winkel leicht schräg gestellt, leuchtend klar, wachsam.
Hals: Mittellang, kräftig, muskulös.
Körper: Mittelgroß bis groß, gut gebaut, kraftvoll und stark, mit gut entwickelter Brust und kräftigen Schultern. Qualität ist wichtiger als Größe.
Beine: Mittellang, starkknochig, mit kräftigen Muskeln, die mühelos Sprünge gestatten.
Pfoten: Fest, voll, rund, mit schweren Fußballen. Fünf Zehen vorn, vier hinten.
Schwanz: Mittellang, massiv im Ansatz, zur Spitze hin sich verjüngend, am Ende abgestumpft, jedoch im Knochenbau normal zugespitzt.
Fell: Kurz, dicht, gleichmäßig. Straff in der Textur. Im Winter dichter als im Sommer.
Kondition: Federnde Bewegung, geschmeidige, bewegliche Muskeln. Körper fest und mager. Gesamteindruck enormer Energie und verborgener Kraftreserven vermittelnd.
Einschränkende Bewertung: Übermäßige Plumpheit oder Lebhaftigkeit. Zu kurzer Schwanz. Fettleibigkeit oder Magerkeit.
Unerwünscht: Starker Stop. Zu langes oder weiches Fell. Abnormer oder Knotenschwanz. Weiße Flecken. Anzeichen von Rassenmischung. Inkorrekte Zehenzahl.

Punktskala
Amerika (CFA)

Kopf (einschließlich Augenform und -größe sowie Ohrform und -stellung)	30
Typ (einschließlich Körperform, Größe, Knochenbau, Schwanzlänge)	20
Fell	10
Farbe	20
Augenfarbe	10
Kondition	10
	100

Farbschläge der American Shorthair
Insgesamt wie Perser, doch mit abweichender Augenfärbung.
Beispiele:
Mackerel Silver Tabby (Silbertiger) Bild 20
Zeichnungsmuster (Tigerung) wie Europäisch Kurzhaar-Tabby.
Grundfärbung (einschließlich Lippen und Kinn) blasses, klares Silber, *Zeichnung* tiefschwarz. *Nasenspiegel* ziegelrot. *Fußballen* schwarz. *Augenfarbe* grün oder haselnußfarben.
Blotched Red Tabby (Rotgestromt)
Zeichnungsmuster (Stromung) wie Perser Tabby. *Grundfärbung* rot. *Zeichnung* tiefes, sattes Rot, einschließlich Lippen und Kinn. *Nasenspiegel, Fußballen* ziegelrot. *Augenfarbe* leuchtendes Gold.
Kommentar zu American Shorthair
Die bei uns heimische, nicht als Rassekatze gezüchtete Hauskatze (engl.: Domestic Cat, Tom Cat; holl.: Boerenkat, usw., Bild 22) vertritt in ihrer reinsten Form den Typ der American Shorthair. Die Europäisch Kurzhaar (s. d.) hingegen verkörpert einen noch schwereren, stämmigeren Typ. Angehörige dieser Rassen sind nicht sehr gesprächig, ihre Stimme ist leise und angenehm, ihr Temperament gemäßigt und zurückhaltend. Die Ahnen der American Shorthair stammen aus Europa.

American Wirehair – Drahthaar – schwere Form Bild 21
(Amerikanische Drahthaarkatze)
Kopf: Groß, mit vollwangigem Gesicht, das den Eindruck eines etwas längeren als breiten Ovals erweckt, das nach vorn nahezu quadratisch wird. Katerbacken bei Katern.

Kinn: Fest, gut entwickelt.
Nase: Mittellang, in der ganzen Länge gleichbreit, sanft gebogen.
Ohren: Mittelgroß, an den Spitzen ein wenig abgerundet, weit gesetzt, an der Basis nicht besonders weit offen.
Augen: Rund, groß, zum äußeren Winkel schräg gestellt, weit auseinanderliegend, klar und wachsam.
Hals: Mittellang, muskulös, kräftig.
Körper: Mittelgroß bis groß, gut geformt, stämmig und untersetzt, mit gut entwickelter Brust und kräftigen Schultern. Qualität ist wichtiger als Größe.
Beine: Mittellang, starkknochig, mit elastischen Muskeln, die mühelose Sprünge gestatten.
Pfoten: Fest, voll, rund, mit schweren Ballen. Fünf Zehen vorn, vier hinten.
Schwanz: Mittlere Länge, im Ansatz kräftig. Sich zur Spitze hin verjüngend, am Ende abgestumpft, Knochenstruktur jedoch normal zugespitzt.
Fell: Mittellang, rauh, im Griff hart und drahtartig, verhältnismäßig dicht. Diese drahtige Beschaffenheit erstreckt sich vom Hinterkopf über Rücken und Hüften bis zur Schwanzspitze. Fell an Kehle, Brust und Bauch weniger hart.
Farbe: Fellfarbe wie American Shorthair.
Kondition: Straff und muskulös.
Einschränkende Bewertung: Übermäßige Plumpheit oder Lebhaftigkeit. Sehr kurzer Schwanz. Fettleibigkeit oder Magerkeit.
Unerwünscht: Abnormer oder Knotenschwanz. Inkorrekte Zehenzahl, starker Stop.
Kommentar zu American Wirehair
Diese Rasse entstand durch Mutation aus der American Shorthair, deren wiederholte Einkreuzung eine Fellverbesserung bewirkte. Sie wird schon seit einigen Jahren in Amerika gezüchtet, ist bei uns jedoch noch selten. Ihr ruhiges, freundliches Wesen entspricht dem der American Shorthair.

Punktskala
Amerika (CFA)

Kopf (einschließlich Augenform und -größe, sowie Ohrform und -stellung)	25
Körpertyp (einschließlich Form, Größe, Knochenbau, Schwanzlänge)	25
Fell (40)	
Textur	10
Dichte	10
Länge	10
Farbe	10
Augenfarbe	5
Kondition	5
	100

Balinese – Halblanghaar – Schlankform

(Balinesin, Balikatze)
Kopf: Langer, spitz zulaufender, feiner Keil. Mittelgroß, in gutem Verhältnis zum Körper. Keil, an der Nase beginnend, in geraden Linien bis zu den Ohrspitzen verlaufend, Dreieck bildend, ohne Pinch. Zwischen beiden Augen mindestens eine Augenbreite Zwischenraum. Katerbacken bei Katern.
Schädel: Flach. Profil bildet lange, gerade Linie vom Oberkopf bis zur Nasenspitze. Keine Verdickung über den Augen, kein Stop.
Kinn, Unterkiefer: Mittelgroß. Kinn und Nasenspitze eine Gerade bildend. Kinn weder vorstehend noch fliehend.
Nase: Lang. Gerade Linie von Stirn bis Nasenrücken.
Ohren: Auffallend groß, spitz, an der Basis weit offen, den Keillinien des Gesichts folgend.
Augen: Mandelförmig, mittelgroß; weder vorstehend noch tiefliegend. Zur Nase schräg gestellt. In Harmonie zu den Keillinien des Kopfes und den Ohren. Kein Schielen.

Hals: Lang und schlank.
Körper: Mittelgroß, zierlich, lang und schlank, außergewöhnliche Verbindung feiner Knochen und fester Muskeln bildend. Schultern und Hüften den schlanken Linien des Körpers folgend. Hüften niemals breiter als Schultern. Feste Bauchpartie.
Beine: Lang und dünn, gut zum Körper passend. Hinterbeine höher als Vorderbeine.
Pfoten: Zierlich, klein und oval. Fünf Zehen vorn, vier hinten.
Schwanz: Lang, dünn, in feine Spitze auslaufend.
Fell: Lang, fein, seidig. Schwanzhaar breitet sich aus wie ein Federbusch.
Farbe: Gleichmäßig und – falls gestattet – mit zarter Schattierung. Dunklere Schattierung bei älteren Balinesen normal. Deutlicher Kontrast zwischen Körper- und Abzeichenfarbe erwünscht. Abzeichen (Maske, Ohren, Beine, Füße, Schwanz) intensiv, klar und gleichmäßig getönt. Maske bedeckt das Gesicht einschließlich der Schnurrhaarkissen, reicht nur bis zum Oberkopf und ist durch Linien mit den Ohren verbunden. Abzeichen ohne Ticking oder weiße Haare.
Kondition: Ausgezeichnete körperliche Verfassung. Augen klar. Körper muskulös, kraftvoll und gelenkig. Weder schlaff noch mager. Nicht fett.
Unerwünscht: Teilweiser oder völliger Pigmentmangel auf dem Nasenspiegel.
Disqualifikation: Jedes Anzeichen einer Krankheit oder anfälliger Gesundheit. Schwache Hinterbeine. Mundatmung infolge von Nasenverstopfung. Abmagerung. Sichtbarer Knoten. Falsche Augenfarbe. Weiße Zehen und/oder Füße. Inkorrekte Zehenzahl.

Punktskala
Amerika (CFA)

Kopf (25)	
Langes, flaches Profil	6
Feine Keilform, Größe	5
Kinn	3
Ohren	4
Weite zwischen Augen	2
Augenform, -größe, -stellung	5
Körper (25)	
Form, Größe, Hals	12
Muskelspannung	5
Beine, Füße	5
Schwanz	3
Fell (20)	
Länge	10
Textur	10
Farbe (25)	
Körper	10
Abzeichen (Farb-Intensität, Fußballen- und Nasenspiegelfärbung)	10
Augenfarbe	5
Kondition	5
	100

Farbschläge der Balinese

Sealpoint
Fellfarbe gleichmäßig rehbraun bis cremefarben, warme Tönung, an Bauch und Brust allmählich aufhellend. *Abzeichen* tief sealbraun. *Nasenspiegel* und *Fußballen* wie Abzeichenfarbe. *Augenfarbe* tiefes, lebhaftes Blau.

Bluepoint
Fellfarbe bläulichweiße, kalte Tönung, an Bauch und Brust in Weiß übergehend. *Abzeichen* tiefblau. *Nasenspiegel* und *Fußballen* schieferfarben. *Augenfarbe* tiefes, lebhaftes Blau.

Chocolatepoint Bild 23
Fellfarbe elfenbeinfarben, ohne Schattierung. *Abzeichen* warmes Milchschokoladenbraun. *Nasenspiegel* und *Fußballen* zimtfarben *Augenfarbe* tiefes, lebhaftes Blau.

Lilacpoint
Fellfarbe eisfarben ohne Schattierung. *Abzeichen* frostgrau mit rosa Tönung. *Nasenspiegel* und *Fußballen* lavendelrosa. *Augenfarbe* tiefes, lebhaftes Blau.

Kommentar zu Balinese
Nur diese vier klassischen Siamfarben sind anerkannt. Der Standard stimmt mit Ausnahme der Haarlänge mit dem amerikanischen Siamesen-Standard überein. Balinesen sollten nur unterein-

ander zur Zucht genommen werden. Ihr geselliges Wesen ähnelt in jeder Hinsicht dem der Siamesin.

Birma – Halblanghaar – mittelkräftige Form, FIFE, GCCF Nr. 13 b
(Heilige Birma, Birman, Sacred Cat of Burma)
Kopf: Starker Schädel, rund, mit vollen Wangen, runder Stirn, gerader kurzer Nase, ohne Stop.
Augen: Rund, klares Blau.
Körper: Langgestreckt, mittelgroß, massiv.
Beine: Niedrig und kräftig.
Schwanz: Lang behaart.
Fell: Dicht, seidig, mittellang, reiche Krause (s. S. 31).
Farbe: Goldenes Elfenbein. Alle vier Pfötchen weiß. Färbung der Fußballen entweder rosa oder, wie bei Siamesen, je nach Abzeichenfarbe.

Punktskala (FIFE, GCCF)

Kopf und Augen	20
Körper	20
Schwanz	15
Fell und Kondition	15
Farbe, Abzeichen	15
Pfoten, Sporen	15
	100

Farbschläge der Birma
Sealpoint Bild 24
entsprechend der Färbung von Siamesen.
Bluepoint
entsprechend der Färbung von Siamesen.
Kommentar zu Birma
Alle vier Pfötchen so gleichmäßig weiß wie möglich. Weiß sollte die Gelenke nicht überschreiten und an beiden Hinterpfötchen unter dem Fuß in einer Spitze auslaufen („Sporen"). Da Weißscheckung nicht konstant vererbt, gestaltet sich die Zucht dieser Rasse schwierig. Nur standardgemäße Partner sollten dafür genommen werden.
Ihr Temperament ist ruhig und zurückhaltend, doch im ganzen etwas lebhafter als das der Perser.

Bombay – Kurzhaar – mittelkräftige Form Bild 25
Kopf: Allseits wohl gerundet. Volles Gesicht, beträchtliche Breite zwischen den Augen, sich allmählich zu kurzem, gut ausgeprägtem Schnäuzchen verjüngend. Profillinie mit sichtbarem Stop.
Ohren: Mittelgroß, auf dem runden Schädel weit gesetzt, aufrecht, etwas nach vorn geneigt, an der Basis weit offen, Spitzen leicht gerundet.
Augen: Weit auseinanderliegend, rund.
Körper: Mittelgroß, muskulös, weder schwerfällig noch grazil. Kater größer als Kätzinnen.
Beine: Gut zu Körper und Schwanz passend.
Fell: Kurz, fein, satinähnlich (Seidenhaar, s. S. 31); sehr eng anliegend, mit lacklederartigem Glanz.
Farbe: Bei erwachsenen Katzen Haar bis zu den Wurzeln schwarz durchgefärbt. Jungtiere müssen erst nachdunkeln. Fell gewinnt mit zunehmendem Alter an Glätte. *Nasenspiegel* und *Fußballen* schwarz, *Augenfarbe* gelb bis kupferfarben, je kräftiger und strahlender, desto besser.
Kondition: Ausgezeichnete Körperbeschaffenheit mit hervorragender Muskelspannung.

Punktskala
Amerika (CFA)

Kopf und Ohren (25)	
Rundung	9
Volles Gesicht, gutes Profil	9
Ohren	7
Augen Stellung, Form	5
Körper (15)	
Körper	10
Schwanz	5
Fell (20)	
Kürze	10
Textur	5
Glätte	5
Farbe (35)	
Körperfarbe	20
Augenfarbe	15
	100

Einschränkende Bewertung: Abnormer oder Knickschwanz. Weiße Haare oder Flecken. Unkorrekte Zehenzahl. Nasenspiegel und Fußballen nicht schwarz. Grüne Augen.

Kommentar zu Bombay

Diese junge amerikanische Rasse entstand aus Burmesen und American Shorthair. Bei Paarungen untereinander sind daher auch Burmesen mit gut pigmentierten Augen zu erwarten. Die Typbeschreibung der Bombay entspricht dem Standard der amerikanischen Burmesin. Ihr ruhiges, freundliches Wesen gleicht jedoch mehr dem der American Shorthair.

Burma – Kurzhaar – mittelkräftige Form

(Burmesin, Burmese, Burmakatze)

Kopf: Kurz, keilförmig.

Ohren: Groß, aufrecht, weit im Ansatz.

Augen: Mandelförmig, gegen die Nase schräg gestellt.

Körper: Mittelgroß, lang, schlank. Langer, dünner Hals, zarte Pfoten.

Beine: Hinterbeine leicht erhöht, kleine ovale Füße.

Schwanz: Lang, leicht zugespitzt, nicht peitschenförmig.

Fell: Glänzend, kurz, fein, dicht. (Seidenhaar, s. S. 31.)

Kondition: Muskulös, nicht zu dick.

Ernste Fehler: Weiße Flecke, sichtbarer Knick- oder Knotenschwanz.

Punktskala (FIFE, GCCF)

Körperform, Beine, Schwanz, Pfoten (Tortie + Blue-cream 35)	30
Körperfarbe, Felltextur, Kondition (Tortie + Blue-cream 20)	25
Kopf, Ohren	20
Augenform, -stellung	15
Augenfarbe	10
	100

Farbschläge der Burma

Braun (Sable Burmese), Nr. 27 Bild 26

Reiches Dunkelbraun, zu Brust und Bauch abgeschwächt. Ohren und Maske etwas dunkler als Körper. *Nasenspiegel* und *Fußballen* braun. *Augen* gelb; kein Blau, kein Schielen.

Blau, Nr. 27 a Bild 27

Warmes, bläuliches Grau mit Silberschimmer. Rücken dunkler, Brust und Bauch ein wenig heller. Ohren, Kopf und Beine mit Silberschimmer. *Nasenspiegel* und *Fußballen* grau. *Augen* gelbgrün bis gelb.

Chocolate (Champagne Burmese), Nr. 27 b

Warmes Milchschokoladenbraun. Ohren und Maske ein wenig dunkler. *Nasenspiegel* schokoladenbraun. *Fußballen* ziegelrosa bis schokoladenbraun.

Lilac (Platinum), Nr. 27 c

Blasses, zartes Taubengrau mit leichter rosa Schattierung. Ohren und Maske ein wenig kräftiger gefärbt. *Nasenspiegel* lavendelfarben mit leichter rosa Tönung. *Fußballen* bei Jungtieren muschelrosa, bei Erwachsenen lavendelfarben mit leichter rosa Tönung.

Red, Nr. 27 d

Orangerot, mit leichter Gesichtszeichnung. Fast unmerkliche Körperzeichnung, außer an Bauch und Seiten, sollte toleriert werden. Ohren deutlich dunkler als der Rücken. *Nasenspiegel* und *Fußballen* rosa.

Tortie (Schildpatt), Nr. 27 e

Gemisch aus Braun, Creme und Rot ohne deutliche Zeichnung.

Besonders guter Typ erwünscht. *Nasenspiegel* und *Fußballen* braun und/oder rosa.

Cream (Creme), Nr. 27 f Bild 28

Satte Cremefarbe. Leichte Zeichnung im Gesicht, an Beinen und Schwanz gestattet. Ohren nur wenig dunkler als der Rücken. *Nasenspiegel* und *Fußballen* rosa.

Bluecream (Blaucreme), Nr. 27 g

Gemisch aus Blau und Creme ohne deutliche Zeichnung. Besonders guter Typ erwünscht. *Nasenspiegel* und *Fußballen* blau und/oder rosa.

Chocolate Tortie (Braun Schildpatt), Nr. 27 h

Mischung aus Schokoladenfarbe und Orange, ohne sichtbare Zeichnung. Farbe und Markierung weniger wichtig als Typ. *Nasenspiegel* und *Fußballen* braun und/oder rosa.

Lilac Tortie (Lila Schildpatt), Nr. 27 j

Mischung aus Lila und Creme, ohne erkennbare Streifen. Farbe und Markierung weniger wichtig als Typ. *Nasenspiegel* und *Fußballen* lila und/oder rosa.

Kommentar zu Burma

Stamm-Mutter der Burma war Wong Mau, eine Tonkanesin (s. d.), die 1930 aus Birma nach Amerika gelangte. Paarungen mit Siamesen, deren Typ damals noch der gleiche war wie derjenige der Burmesen heute, bildeten die frühe Grundlage der Burmazucht. Burmesen sollten gut pigmentierte Augen besitzen. Dieses Ziel ist nur mit Hilfe züchterischer Auslese zu verwirklichen. Ihre Siam-Verwandtschaft läßt sich nicht verleugnen. Auch die Burmesin ist gesprächig, aufgeweckt und auffallend intelligent. Übrigens lebt in Victoria/Australien der erste weiße Burmakater, und in Amerika (New York) werden lang behaarte Burmesen unter dem Namen „*Tiffany cats*" gezüchtet.

Chinese Harlequin – Kurzhaar – schwere Form Bild 29

(Harlekinkatze)

Typ: Entsprechend American Shorthair.

Farbe: Grundfarbe reinweiß mit vereinzelten runden, nicht miteinander verbundenen schwarzen und/oder roten Flecken auf Kopf und Rücken. Schwanz ganz oder nur teilweise pigmentiert.

Augenfarbe: Leuchtendes Gold.

Kommentar zu Chinese Harlequin

Diese Varietät verkörpert den Typ, der häufig auf chinesischen Gemälden dargestellt wird (Bild 13). Die pigmentierten Flecken ihres Haarkleides vererben bei Paarungen untereinander nicht konstant (s. S. 30). Deshalb ist dieser Farbschlag relativ selten. Mit schwarzen und roten Flecken wird sie zuweilen „*Calico Harlequin*" genannt. Ähnliche Farbverteilung zeigt die Japanese Bobtail Mike (s. d.). Aus Kreuzungen zwischen Chinese Harlequin und Siamesen gingen gescheckte Katzen mit blauen Augen hervor.

Cymric – Halblanghaar – mittelkräftige Form Bild 30

Im Jahre 1960 fanden amerikanische Züchter unter ihrem Manx-Nachwuchs gelegentlich länger behaarte, schwanzlose Jungtiere,

die sie planmäßig zu züchten begannen und Cymric nannten. Das Äußere dieser nicht voll anerkannten Rasse entspricht, abgesehen von ihrem halblangen, weichen, leicht zu pflegenden Haar, dem amerikanischen Manx-Standard (CFA), mit ziemlich rundem *Kopf*, ausgeprägten Wangen und Katerbacken. Das Gesicht sollte nicht zu kurz und ein wenig zugespitzt sein. Im Profil kein deutlicher Stop. Ihre *Ohren* sind an der Basis weit offen und länger als die der American Shorthair. Die Farbe der großen runden *Augen* soll, jeweils zur Fellfärbung passend, dem amerikanischen Manx-Standard entsprechen. Der *Körper* der Cymric ist klein bis mittelgroß, kompakt und gut proportioniert. Ihr kurzer, fester Rücken steigt von den Schultern zu den Hüften und den langen, muskulösen Hinterbeinen deutlich an. Daraus ergibt sich der hoppelnde, kaninchenähnliche Gang.
Wie bei der Manx befindet sich am Ende des Rückgrates statt des Schwanzes eine ausgeprägte Vertiefung. Das *Fell* weist eine mittlere Länge von 4 – 5 cm auf und ist an Kopf und Vorderbeinen kürzer. Eine hinter den Ohren ansetzende, mäßig volle Krause umschließt die Brust. Die Hinterbeine sind von ziemlich langen, flauschigen „Höschen“ bedeckt. Das *Haar* sollte wie bei der Angora fließend fallen und insgesamt kürzer und gleichmäßiger sein als das der Maine Coon (s. d.). Die kleinen, zierlich gerundeten, behaarten *Pfötchen* weisen normale Zehenzahl auf.
Ihr Temperament ist ausgeglichen und ruhig. Die Zucht der Cymric erfolgt innerhalb dieser Rasse selbst, schließt aber die Paarung mit Manx nicht aus. Sie sollte wie bei dieser nur mit Partnern erfolgen, die mindestens einen Schwanzstummel besitzen.

Egyptian Mau – Kurzhaar – mittelkräftige Form

(Ägyptische Mau)

Kopf: Mäßige Keilform, weiche Linien. Profil sanft geschwungen. Nasenrücken ohne deutlichen Absatz in kräftige Stirn und gebogenen Nacken übergehend. Viel Breite zwischen den Ohren. Harmonisch ausgewogenes Verhältnis zwischen dem langen Kopf und dem übrigen Körper. Kinn kräftig gerundet, nicht vorstehend oder fliehend. Gesicht keinesfalls zugespitzt. Kein Pinch. Kräftige Backen bei Katern gestattet.
Ohren: Aufrecht, groß und mäßig spitz, breit im Ansatz, nach vorn gewölbt. Haar an den Ohren kurz und eng anliegend. Innenseite behaart.
Augen: Sehr groß, ägyptischer Schrägschnitt, mandelförmig.
Körper: Mittellang, mittelkräftig und elegant, mit gut entwickelten Muskeln und hohen Beinen. Feste, ovale Füße.
Schwanz: Im Ansatz kräftig, ziemlich lang und zugespitzt.
Fell: Textur seidig und fein. Dicht und elastisch im Griff. Starker Glanz. Nicht zu kurz.
Zeichnungsmuster: Körper verschiedenartig getupft. Tüpfelung möglichst rund und gleichmäßig verteilt, nicht zu Tigerung zusammenfließend. Aalstrich entlang des Rückgrates bis zur Schwanzspitze, im Idealfall von Tupfen begleitet. Typisches Tabbymuster im Gesicht und auf der Stirn. Körperunterseite sollte „Westen-

Punktskala
Amerika (CFA)

Kopf	15
Ohren	5
Augen	5
Körper	20
Schwanz	10
Fell	5
Zeichnung	25
Farbe	15
	100

knöpfe" aufweisen. Hinterbeine gestreift. Streifung der Vorderbeine in Höhe der Pfoten zu Tupfen aufgelöst. Schwanz beringt mit dunkler Spitze.
Unerwünscht: Klobiger Körper. Kurzer oder Peitschenschwanz. Kleine, runde oder orientalisch geschnittene Augen. Kleine Ohren. Kurzer oder runder Schädel.
Disqualifikation: Fehlen von Tüpfelung.

Farbschläge der Egyptian Mau

Silver Mau Bild 31

Blasse, klare *Grundfarbe.* Am Kinn, oberhalb der Kehle und an den Schnurrhaarkissen am hellsten. Körperunterseite blasses Silber. *Zeichnung* schlehenschwarz – im richtigen Verhältnis und guten Kontrast zur blassen Grundfärbung. *Fußballen* schwarz, *Nasenspiegel* ziegelrot. Augen, Nase und Lippen schwarz umrandet. *Augenfarbe* grün oder golden; grün bevorzugt.

Bronze Mau

Grundfarbe lichter, warmer Bronzeton. *Zeichnung* dunkelbraun, in gutem Kontrast. Färbung an den gleichen Stellen wie bei Silver aufgehellt. *Fußballen* dunkelbraun oder schwarz, *Nasenspiegel* ziegelrot, Augen, Nase und Lippen dunkelbraun umrandet. *Augenfarbe* grün oder golden; grün bevorzugt.

Kommentar zu Egyptian Mau

Diese in Amerika gezüchtete Rasse ähnelt sowohl nach Abstammung als auch mit ihrer zarten Stimme der Abessinier und sollte wie diese nur untereinander zur Zucht genommen werden. Die Genetik des Zeichnungsmusters entspricht derjenigen der Europäisch Kurzhaar getupft und der Orientalisch Kurzhaar Spotted Tabby (s. d.). Alle drei Rassen sind nach ihrem Körperbau (schwere Form – mittelkräftige Form – Schlankform) voneinander zu unterscheiden.
Typ-Ähnlichkeit zeigt die in Deutschland in allen roten Variationen gezüchtete „*Rosso Antico*".

Europäisch Kurzhaar – Kurzhaar – schwere Form

(Européen)

Beschreibung wie British Shorthair (Punktskala GCCF am Schluß).

Gemeinsamer Standard (bei Fehlen anderer Angaben)

Kopf: Schädel breit. Gesicht rund. Nase kurz, breit, gerade. Hals kurz, dick. Augen groß, rund, gut geöffnet, weit auseinanderliegend, waagerecht. Fehler: Ausgeprägter Stop.
Ohren: Klein, an den Spitzen gerundet, gut behaart, weit gesetzt.
Körper: Kräftiger Bau; tiefe, breite Brust, Rücken waagerecht. Schwanz kurz und dick, mit gerundeter Spitze, gerade. Länge gut zum Körper passend.
Beine: Kurz, Vorderbeine gerade. Pfoten rund und fest.
Fell: Kurz, dicht, weder zu lang noch „offen" bzw. flauschig.
Kondition: Kräftig, muskulös.

Punktskala FIFE	
Kopf	10
Ohren	10
Körper	10
Beine	5
Fell	10
Kondition	5
	50

Farbschläge der Europäisch Kurzhaar

Weiß mit blauen Augen, Nr. 14

Fellfarbe reines Weiß, keine Spur von Gelb. *Augenfarbe* tief saphirblau, ohne Grün.

Dunkler Kopffleck bei Jungtieren gestattet.

Punktskala	
Gemeinsamer Standard	50
Farbe	25
Augen	25
	100

Weiß mit orange Augen, Nr. 14 a — Bild 32

Fellfarbe: reines Weiß, keine Spur von Gelb. *Augenfarbe* gold, orange oder kupferfarben, ohne Grün.

Weiß mit verschiedenen Augen (odd-eyed), Nr. 14 b

Fellfarbe reines Weiß, keine Spur von Gelb. *Augenfarbe:* Ein Auge gold, orange oder kupferfarben, das andere tief saphirblau; beide ohne Grün.

Kommentar zu Europäisch Kurzhaar Weiß

Bislang konnte kein zuverlässiges Zuchtprogramm zur Vermeidung gelegentlicher Taubheit von weißen Europäisch Kurzhaar entwickelt werden. Paarung weißer mit farbigen Katzen ergibt neben Weiß oftmals Bicolor-Nachwuchs.

Schwarz, Nr. 15 (Punktskala wie vorige)

Fellfarbe kohlschwarz bis zu den Haarwurzeln. Außer bei Jungtieren keinerlei rostige Schattierung, weiße Stichelhaare oder Flekken. *Nasenspiegel* schwarz; *Fußballen* braun oder schwarz. *Augenfarbe* orange oder kupferfarben, keine Spur von Grün.

Blau, Nr. 16 — Bild 33

(British Blue, Chartreuse, Kartäuser)

Kopf, Ohren: Dicker Kopf, kurze Nase, mittelgroße Ohren, auf rundem Schädel hoch plaziert. Volle Wangen.

Körper, Glieder: Massiv, schwer; breite Brust, muskulös.

Schwanz: Im Ansatz dick, nicht zu lang.

Fell: Leicht wollig, dicht wie beim Fischotter.

Fellfarbe: Hell- bis mittelblau.

Augenfarbe: Kupferfarben, orange oder gelb.

Punktskala	
Kopf	25
Augen	10
Form, Gestalt	25
Schwanz	10
Fell	10
Farbe	20
	100

Kommentar zu Europäisch Kurzhaar Blau

Der ehemalige Typunterschied zwischen Kartäuser und British Blue drückt sich noch in der gesonderten Rassebeschreibung aus. Die züchterische Entwicklung brachte eine Vereinheitlichung des Typus in Richtung British Blue mit gemeinsamem Standard (GCCF).

Creme, Nr. 17 — Bild 34

Fellfarbe: gleichmäßiges, warmes Creme, ohne Streifen, ohne Weiß.

Augenfarbe: Kupfer oder haselnußfarben.

Punktskala	
Gemeinsamer Standard	50
Farbe	35
Augen	15
	100

Kommentar zu Europäisch Kurzhaar Creme

Für die Zucht kommen zur Erzielung einer zarten Felltönung nur Paarungen mit Blau, Creme oder Blaucreme in Frage.

Schildpatt, Nr. 21

Fellfarbe: Schwarz und rot (hell und dunkel) gleichmäßig verteilt, jede Farbe klar und leuchtend, deutlich von der anderen abgegrenzt. Kein Weiß, keine Tigerzeichnung, nichts Verschwommenes. Pfoten, Ohren und Schwanz müssen so klar gefleckt sein wie Körper und Kopf.

Augenfarbe: Orange, kupfer oder haselnußfarben.

Punktskala	
Gemeinsamer Standard	50
Farbe und Augen	50
	100

Blaucreme, Nr. 28

Fellfarbe: Die Farben Blau und Creme müssen gut gemischt sein, nicht gefleckt. Keine Blesse.

Augenfarbe: Orange, kupfer, gelb; kein Grün.

Kommentar zu Europäisch Kurzhaar Blaucreme

Wie Schildpatt, Blauschildpatt, Schildpatt mit Weiß und Blauschildpatt mit Weiß ist auch diese Varietät stets weiblich. Da Blaucreme eine verdünnte Farbe darstellt, sollte sie nur mit Creme oder Blau gepaart werden, nach dem Grundsatz: Möglichst unverdünnte mit unverdünnten und verdünnte nur mit verdünnten Farben paaren!

Punktskala	
Typ	40
Farbe	35
Augen	20
Kondition	5
	100

Zweifarbig, Nr. 31 (Bicolor) Bild 35

Fellfarbe: Jede solide Farbe und Weiß. Farbflecken sauber und gut verteilt. Nicht mehr als ⅔ des Haarkleides farbig und nicht mehr als die Hälfte weiß. Gesicht mit Farbe und Weiß gefleckt. Weiße Blesse, symmetrische Scheckung erwünscht.

Augenfarbe: Orange, kupferfarben oder gelb.

Punktskala	
Farbe	25
Fell, Kondition	15
Kopf	25
Körper, Beine	15
Augen	15
Schwanz	5
	100

Schildpatt mit Weiß, Nr. 22

Fellfarbe: Schwarz und Rot (hell und dunkel) auf Weiß gleichmäßig verteilt. Jede Farbe deutlich abgegrenzt, leuchtend und klar. Dreifarbige Flecken müssen den Schädel, Wangen, Ohren, Rükken, Schwanz und Teile der Seiten bedecken. Weiße Blesse erwünscht. Weiß nicht überwiegend.

Augenfarbe: Orange, kupferfarben oder haselnußbraun.

Punktskala	
Gemeinsamer Standard	50
Farbe, Augen	50
	100

Smoke, Nr. 36 (Rauchfarben)

Fellfarbe: Unterwolle blasses Silber, Haarspitzen schwarz oder blau.

Augenfarbe: Gelb oder orange.

Geisterzeichnung gilt in der Jugend nicht als Fehler.

Punktskala	
Gemeinsamer Standard	50
Farbe	40
Augen	10
	100

Silver Shaded (Silberschattiert) Bild 36

Standard CFA, Amerika, wie Perser Silver Shaded.

Cameo Shell (Rote Chinchilla) Bild 37

Beschreibung entsprechend *Exotic Shorthair Cameo,* Amerika (CFA):

Fellfarbe: Unterfell weiß, Fell an Rücken, Flanken, Kopf und Schwanz ausreichend mit roten Spitzen versehen. Gesicht und Beine durch Färbung der Haarspitzen zart schattiert. Kinn, Ohrbüschel, Bauch und Brust weiß. *Nasenspiegel* und *Fußballen* rosarot.

Augenfarbe: Leuchtendes Kupfer.

Europäisch Kurzhaar mit Tabbyzeichnung

Getigert (mackerel tabby)

Zeichnungsmuster: Deutliche, klar abgegrenzte, wie enge Pinselstriche wirkende Streifen umschließen den Körper. Beine und Schwanz gleichmäßig beringt. Mehrere Halsbänder zieren Brust und Nacken. „M“ auf der Stirn. Durchgehende Linien vom äußeren Augenwinkel nach hinten verleihen dem Gesicht einen freundlichen Ausdruck. Zeichnung des Kopfes reicht bis zu den Schultern. Rückgratlinien fließen zu Sattel zusammen (Abb. 15).

Getupft (spotted tabby)

Alle auch bei Wildkatzen vorkommenden Tupfen (Abb. 17) und

sämtliche Farben sind gestattet. Tupfen sollen sich gut von der Grundfärbung abheben und klar voneinander abgegrenzt sein. Möglichst wenige Streifen.
Gestromt (blotched tabby). Zeichnung wie bei Perser Tabby (s. d.), Abb. 16.

Farbschläge der Europäisch Kurzhaar Tabby

Silber Tabby, Nr. 18 Bild 38
Fellfarbe: Tiefschwarze Zeichnung, klar von der silbernen Grundfärbung abgegrenzt.
Augenfarbe: Grün oder haselnußfarben.

Punktskala

Gemeinsamer Standard	50
Zeichnung	50
	100

Braun Tabby, Nr. 20 Bild 39
Fellfarbe: Tiefschwarze Zeichnung, klar von der Grundfarbe getrennt. Grundfarbe warm sandfarben oder braun.
Augenfarbe: Orange, haselnußfarben, dunkelgelb oder grün.
Kommentar zu Europäisch Kurzhaar Braun Tabby
Diese Varietät trägt kein Braun im Erbbild; sie ist genotypisch schwarz (s. S. 26)
Rot Tabby, Nr. 19
Fellfarbe: Intensive Zeichnung von tiefroter Färbung, klar von der Grundfarbe abgegrenzt. Grundfarbe und Zeichnung so kräftig rot wie möglich.
Augenfarbe: Orange oder haselnußfarben.
Kommentar zu Europäisch Kurzhaar
Diese Rasse könnte theoretisch in allen Farben der Perser gezüchtet werden. Die heutige Fellqualität und intensive Augenfärbung entstanden, wie bei British Shorthair (England) und Exotic Shorthair (Amerika), durch Auslese und zeitweilige Perser-Einkreuzung. Die Europäisch Kurzhaar zeichnet sich durch ein ruhiges, zurückhaltendes Temperament und eine leise Stimme aus.
Für *British Shorthair* gilt in England seit 1976 nebenstehende einheitliche Punktskala des GCCF:

Punktskala

Kopf	20
Augen	10
Körper	20
Beine, Füße	10
Schwanz	10
Fellfarbe, Kondition	30
	100

Exotic Shorthair – Kurzhaar – schwere Form (s. S. 130)
Der Standard der Exotic Shorthair stimmt im Wortlaut vollständig mit dem der Europäisch Kurzhaar überein. Auch in der Praxis erweisen sich die Unterscheidungsmerkmale zwischen Exotic Shorthair und Europäisch Kurzhaar (British Shorthair) als zu geringfügig, um sie exakt auseinanderzuhalten. Dabei erscheint das weiche Fell der Exotic Shorthair meist länger, ihr runder Kopf mit der kurzen Nase oft der Perser ähnlicher als die der Europäisch Kurzhaar (Beispiel: Bild 37, Cameo Shell)
Ursprung, Zucht und Wesen dieser Rassen stimmen überein. Die Exotic Shorthair, aus American Shorthair (s. d.) unter Perser-Einkreuzung hervorgegangen, wird in Amerika gern scherzhaft als „Perser im Mini-Shirt" bezeichnet. Farbschläge und Augenfarbe entsprechen denen der Perser.

Punktskala
Amerika (CFA)

Kopf Augen Ohren	30
Typ Körperform Größe Schwanzlänge	20
Fell	10
Farbe	20
Augenfarbe	10
Kondition	10
	100

Havana Brown – Kurzhaar – mittelkräftige Form (s. S. 131)
Der gültige Standard dieser amerikanischen Rasse (CFA) beschreibt einen von der Orientalisch Kurzhaar Braun (s. d.), die ebenfalls Havana genannt wird, grundlegend verschiedenen Kat-

zentyp: Ihr *Kopf* ist wenig länger als breit und bildet einen kurzen Keil mit leichtem Pinch und, von der Seite gesehen, deutlichem Stop. Die *Ohren* sind groß mit abgerundeten Spitzen und liegen eng beieinander. Die *Augen* sind oval. Der *Körper* ist mittelgroß, kräftig und muskulös.
Der mittellange *Schwanz* sollte gut zum Körper passen. Das nicht zu kurze, weiche, glänzende Fell weist bis zum Grunde ein sattes, warmes Mahagonibraun auf. *Nasenspiegel und Fußballen* sind rosa getönt. *Augen* chartreusegrün; tiefere Grüntöne bevorzugt. Als Fehler werden neben Knick- und Knotenschwanz und unkorrekter Zehenzahl ein schwach ausgebildetes Kinn, fehlender Stop und ein Kopftyp gewertet, der dem moderner, schlanker Siamesen ähnelt! Die Havana Brown ist gesellig, doch weder allzu lebhaft oder aufdringlich noch laut.

Japanese Bobtail – Kurzhaar – Schlankform
(Japanische Stummelschwanzkatze)

Punktskala
Amerika (CFA)
(provisorisch)

Kopf	20
Typ	30
Schwanz	20
Farbe, Zeichnung	20
Fell	10
	100

Kopf: Lang und fein; einen vollkommenen, gleichseitigen Keil mit geschwungenen Linien, hohen Backenknochen und sichtbarem Pinch formend.
Nase: Nicht spitz oder stumpf, ziemlich breit und lang. Zwei parallele Linien von der Spitze zu den Augenbrauen bilden mit sanfter Vertiefung eine gute Markierung.
Ohren: Groß, aufrecht, weit auseinanderliegend, doch nicht nach außen strebend, so daß sie nach vorn gerichtet scheinen.
Augen: Groß, weit, oval und aufmerksam. Von der Seite gesehen mit starker Schrägstellung in den Schädel eingebettet. Nicht vorstehend.
Körper: Mittelgroß, lang, schlank, wohlgestaltet und muskulös.
Beine: Zum Körper passend, lang und schlank, jedoch nicht zart und zerbrechlich wirkend. Hinterbeine höher als Vorderbeine. In Ruhestellung tief angewinkelt und gebeugt, so daß der Rücken waagerecht verläuft.
Pfoten: Oval. Fünf Zehen vorn, vier hinten.
Schwanz: Schwanz im Winkel nach oben getragen, so daß die äußerste Spitze 5 – 7 cm vom Körper entfernt ist. Schwanzbehaarung länger als Körperfell. In allen Richtungen wachsend, eine Quaste bildend, die dem Schwanz des Kaninchens ähnelt. Schwanzknochen ziemlich kräftig und starr, entweder gerade oder aus mehreren Krümmungen und Winkeln bestehend.
Fell: Mittellang, weich und seidig. Spärliches Unterfell, daher kaum haarend.
Farbe: Alle Farben zugelassen, die zusammen dreifarbige Kätzinnen ergeben. Dazu gehören: Schwarz, Rot oder Weiß, Bicolor (Schwarz und Weiß, Rot und Weiß) und Tricolor sowie Schildpatt.
Unerwünscht: Kurzer, runder Kopf, untersetzter Körperbau.
Einschränkende Bewertung: Schwanzknochen fehlend oder zu weit vom Körper abstehend. Fehlen der Quaste oder zu geringe Behaarung. Beginn der Quaste nicht direkt am Körperende.
Mi-ke (Tricolor) Bild 40
Traditionsreiche japanische Katzen in Schwarz-Weiß, Rot-Weiß

oder Schildpatt und Weiß. Jede Farbe darf vorherrschen. Bevorzugt: Kühne, dramatische Zeichnung und lebendig kontrastierende Färbung.

Korat – Kurzhaar – mittelkräftige Form, GCCF Nr. 34 Bild 41

Kopf: Von vorn herzförmig mit viel Breite zwischen und über den Augen. Gut entwickelte, weder spitze noch runde Keilform. Stirn breit, flach. Kein Pinch. Gut entwickeltes Kinn.
Nase: Kurz, leicht abwärts gebogen (wie beim Löwen), leichter Stop.
Ohren: Groß, Spitzen gerundet, weit offene Basis. Hoch angesetzt, wach nach vorne gerichtet; innen mäßig, außen extrem kurz und dicht behaart.
Augen: Groß, leuchtend, weitgesetzt, das Gesicht beherrschend. Bei geschlossenen Lidern Schrägstellung. Unerwünscht: Kleine, matte Augen.
Körper: Mittelgroß, kräftig, muskulös, mittelschwer. Mittelstarke Knochenstruktur. Rücken gebogen. Kätzinnen zierlicher als Kater.
Beine: Gut zum Körper passend. Abstand vom Nackenansatz zur Schwanzwurzel gleicht dem von der Schwanzwurzel zum Boden. Vorderbeine etwas kürzer als Hinterbeine.
Pfoten: Oval. Fünf Zehen vorn, vier hinten.
Schwanz: Mittellang, an der Wurzel verdickt, sich zu gerundetem Ende verjüngend. Nicht sichtbarer Knoten gestattet.
Fell: Einfach. Haar kurz bis mittellang, glänzend und fein, eng am Körper anliegend. Fell über dem Rücken teilt sich bei Bewegung.
Farbe: Insgesamt silberblau mit silbernen Haarspitzen; je mehr Silber desto besser. Keine Schattierung oder Tabbyzeichnung. Kurzbehaarte Körperteile intensiver silbrig. *Nasenspiegel* und Lippen dunkelblau oder lavendelfarben. *Fußballen* dunkelblau oder lavendelfarben mit rosa Tönung. Bei der *Augenfarbe* leuchtendes Grün bevorzugt; Bernsteinfarbe gestattet. In der Jugend Augen gelb bis gelbgrün. Augen in der Regel erst mit 2 – 4 Jahren ausgefärbt.
Kondition: Perfekte Körperbeschaffenheit. Beweglich und munter.
Einschränkende Bewertung: Sichtbarer Knoten, inkorrekte Zehenzahl. Farbe nicht silberblau.
Kommentar zu Korat
Die Korat ist auch in ihrer Heimat Thailand selten und wird allgemein als „Glücksbringerin" geliebt und geschätzt. Im Äußeren zeigt sie viel Ähnlichkeit mit der blauen Burmesin, steht aber genetisch der Orientalisch Kurzhaar Blau näher, deren Typ sich in Richtung des schlanken Siam-Typus entwickelte, während die Korat mittelschwer blieb. Zur Russisch Blau besteht keine Beziehung. Das umgängliche, lebhafte Temperament der Korat erinnert an das der Burma.

Punktskala

Amerika (CFA)	
Kopf (20)	
Breite	5
Profil	6
Weite zwischen Augen	4
Ohrstellung	5
Augen	
Form, Stellung	15
Körper (25)	
Form	15
Beine, Füße	5
Schwanz	5
Fell (10)	
Kürze	4
Textur	4
Glätte	2
Kondition	5
Farbe (25)	
Körperfarbe	20
Augenfarbe	5
	100

Maine Coon – Langhaar – schwere Form Bild 43

Kopf: Mittlere Breite, bei Katern breiter als bei Kätzinnen. Hohe Backenknochen. Nase und Gesicht mittellang. Mäßiger oder feh-

lender Stop. Schnäuzchen quadratisch; Kinn kräftig, mit Nase und Oberlippe in einer Linie.
Ohren: Groß, spitz, an der Basis weit offen, innen mit Haarbüscheln versehen.
Augen: Groß, rund, weitgesetzt, leicht schräg gestellt.
Hals: Mittellang, läßt den Körper gestreckt erscheinen. Der dicke, muskulöse Hals reifer Maine Coon erweckt Eindruck von Kraft und Stärke.
Körper: Muskulös, kraftvoll, langgestreckt. Mittelgroß bis groß (6 – 9 kg), Kätzinnen kleiner (3,5 – 4,5 kg). Breite Brust. Gute Proportionen. Von hinten gesehen klobiger Umriß.
Beine: Stämmig, kraftvoll, weit gesetzt, mittellang und harmonisch zum Körper passend.
Pfoten: Groß, rund, dicht behaart.
Schwanz: Lang und buschig, am Ansatz breit, ohne Knoten zugespitzt.
Fell: An den Schulterblättern kürzer, entlang des Rückgrates bis zum Schwanz länger werdend. Zottiges, dichtes Haar auf den Oberschenkeln. Haar an den Seiten allmählich bis zu voller Haarlänge am Bauch verlängert. Mäßige Halskrause, an der Ohrbasis beginnend. Schwanzhaar lang und dicht. Füße und Ohren behaart. Das stark glänzende Haar sollte fließend fallen. Mäßige Unterwolle. Fellbeschaffenheit richtet sich nach klimatischen Verhältnissen. Weniger volles Haar während der warmen Jahreszeit gilt ebensowenig als Fehler wie zu volles Haar.
Kondition: Kraftvoll, stabil, muskulös, guter Pflegezustand.
Unerwünscht: Kurzer, eckiger Körper. Zarte Knochenstruktur. Rundlicher Rumpf. Kurze Beine und unbehaarte Pfoten. Knickschwanz. Kurzes, flaches Gesicht. Lange, spitze Nase. Fliehendes Kinn. Eng stehende oder schräg gesetzte Augen. Matte Augenfarbe. Kleine, abgerundete, eng beieinanderliegende oder nicht mit Haarbüscheln ausgestattete Ohren.

Punktskala

Amerika (CFA)	
Kopf (30)	
Form	15
Augen	10
Ohren	5
Körper (30)	
Form	15
Hals	5
Beine, Pfoten	5
Schwanz	5
Fell	20
Haarfarbe	10
Kondition	10
	100

Farbschläge der Maine Coon

Weiß, Schwarz, Blau, Rot, Creme, Schildpatt, Calico, Blaucreme, Particolor, Black-, Blue-, Cameo Smoke, Silver, Cameo Shell, Cameo Shaded.
Tabby: Silver, Brown, Blue, Red, Cream and Cameo, gestromt oder getigert. Außer bei einfarbigen Katzen ist Weiß an Kinn und Lippen gestattet. Weiße Flecken oder Haare gelten nicht als Fehler.
Augen grün oder golden. Weiße Katzen auch mit blauen oder verschiedenfarbigen Augen. Klare Farben erwünscht.
Kommentar zu Maine Coon
Die Angehörigen dieser alten Rasse lebten früher im Nordosten Amerikas (im Staate Maine) vorwiegend auf dem Lande. Sie wurden auf den ersten Katzenausstellungen Amerikas um 1860 vorgestellt. Lange Zeit galten sie als besonders gewichtig und groß. Heute entspricht ihre Größe etwa derjenigen der Perserkatzen. Polydactylie (Mehrzehigkeit, s. S. 32), die bei dieser Rasse früher besonders häufig auftrat, wird jetzt als unerwünscht herausgezüchtet.

Stimme und Temperament der Maine Coon sind mit denen der Perser vergleichbar.

Manx – Kurzhaar – schwere Form, FIFE/GCCF Nr. 25 Bild 42
(Chat de l'ile de Man)
Kopf: Rund und groß. Nicht zu kurze und nicht zu gerade Nase. Wangen stark entwickelt.
Ohren: Weit im Ansatz, leicht zugespitzt. Hochgesetzt.
Körper: Kurzer Rücken, Kruppe gerundet „wie eine Orange". Tiefe Flanken.
Beine : Hinterbeine erhöht, kaninchenartiger Gang.
Schwanz: Anstelle des Ansatzes leichte Vertiefung. (Manx mit kurzem Stummelschwanz=*„Stumpy"*, Nr. 25 a).
Fell: „Doppelt", weich und „offen". Dichte Unterwolle, ähnlich dem Kaninchenfell.
Fell- und Augenfarbe sollten denen der Europäisch Kurzhaar entsprechen (sind aber nur von zweitrangiger Bedeutung).
Kommentar zu Manx
Als Partner für die schwanzlose Manx („Rumpy") kommen aus physiologischen Gründen (s. S. 31) am besten die stummelschwänzigen „Stumpy" oder typmäßig vorzügliche Europäisch Kurzhaar (British Shorthair) in Frage.
In Umgang ist die Manx ruhig und ausgeglichen. Ihr hinten stark überhöhter Körperbau behindert sie nach Aussage ihrer Halter in keiner Weise.

Punktskala (FIFE)

Kopf und Ohren	10
Schwanzlosigkeit	15
Höhe der Hinterbeine	15
Kurzer Rücken	15
Runde Kruppe	10
Flankentiefe	10
Doppeltes Fell	10
Farbe	5
Augen	5
Kondition	5
	100

Norsk Skaukatt – Langhaar – mittelkräftige Form Bild 44
(Skogkatt, Forest Cat, Norwegische Waldkatze)
Typ: Kräftig, doch schlank, auf hohen Beinen. „Höschen" an den Hinterbeinen.
Kopf: Lang, dreieckig, mit geradem oder leicht geschwungenem Profil. Flache Stirn, kräftiges Kinn.
Ohren: Hoch und spitz, mit breitem Abstand hoch auf den Kopf gestellt. Möglichst mit „Luchs-Haarbüscheln" versehen.
Augen: Groß, zur Fellfarbe passend, leicht mandelförmig.
Schwanz: Lang und buschig.
Fell: Lang, fließend, mit dichtem, anliegendem „Kragen", „Bakkenbart" und „Hemdbrust". Alle Farbvarianten sind erlaubt.
Kondition: Muskulös und geschmeidig.
Kommentar zu Norsk Skaukatt
In Norwegen und Schweden wurde diese Rasse 1972 von den „Unabhängigen Katzenclubs" anerkannt. Sie erinnert an die in Vergessenheit geratene „Deutsch Langhaar", die eine gewisse Ähnlichkeit mit der Turkish Angora (s. d.) und der Maine Coon (s. d.) aufwies. Ihr umgängliches, freundliches Wesen wird in ihren Beschreibungen besonders hervorgehoben. Anerkennung durch FIFE im September 1976.

Punktskala
(Northern Independant Clubs)

Kopf	20
Ohren	10
Augen	10
Schwanz	10
Körper, Fell	30
Kondition	20
	100

Ocicat – Kurzhaar – Schlankform (s. S. 132)
Diese kraftvoll-geschmeidige, getupfte Katze, schon vor einem Jahrzehnt in Holland (van Mariendaal) als „Minipanther" gezüch-

tet, ist heute in Amerika anerkannt und registriert (CFA). Sie läßt sich ursprünglich auf Abessinier- und Siamkatzen zurückführen. Ihre Fellmusterung stimmt zwar mit derjenigen der gedrungeneren amerikanischen Egyptian Mau (s. d.) überein, Typ und Wesen gleichen jedoch vollkommen dem modernen Idealbild der Orientalisch Kurzhaar Spotted Tabby (s. d. und Bild 52). Im Zuchtverlauf erhält man auch bei ihr neben einfarbigem Nachwuchs u. a. Siamesen.

Orientalisch Kurzhaar – Kurzhaar – Schlankform

(Type Oriental, Oriental Shorthair, Foreign Shorthair, Oosters Type)
Kopf: Lang, gut proportioniert, in perfekten, geraden Linien zu feinem Keil zusammenlaufend.
Ohren: Ziemlich groß, aufrecht, am Grunde weit offen.
Augen: Weit auseinandergesetzt. Falls andere Angaben fehlen, alle Nuancen von Grün. Orientalische Form, schräg zur Nase gestellt.
Körper: Mittelgroß, lang, geschmeidig, gut proportioniert (Kater etwa 4 – 5 kg, Kätzinnen 2,5 – 3,5 kg).
Beine: Verhältnismäßig fein, Hinterbeine etwas höher als Vorderbeine.
Füße: Klein, oval.
Schwanz: Lang und zugespitzt, kein Knoten, keine Abnormitäten.
Fell: Sehr kurz und fein in der Textur, glänzend, eng anliegend (Seidenhaar).

Punktskala (FIFE, GCCF)

Typ, Form (50)	
Kopf	15
Ohren	5
Augen	5
Körper	15
Beine, Füße	5
Schwanz	5
Farbe, Zeichnung (35)	
Augen	5
Körperfarbe, Zeichnung	30
Felltextur	10
Kondition	5
	100

Farbschläge der Orientalisch Kurzhaar (Weiß, Non-Agouti, Agouti)

Weiß, Foreign White, Nr. 35 Bild 45

Fell rein weiß. *Nasenspiegel* rosa. *Fußballen* rosa. *Augenfarbe* klares leuchtendes Blau.

Kommentar zu Orientalisch Kurzhaar Weiß

Die Punktskala dieses Farbschlages weicht ein wenig von derjenigen der anderen Farben ab: Augenfarbe wird mit 20, Fellfarbe mit 15 Punkten bewertet (FIFE).
Foreign White sind genotypisch „Siamesen im weißen Kleid" (s. S. 30). Das Zuchtziel besteht nach P. Turner, England, darin, „reinerbige Sealpoint-Siamesen im weißen Kleid" zu erzielen. Wegen des gelegentlichen Auftretens pigmentierter Hautstellen ist Rot in ihrem Erbbild nicht erwünscht (Turner). Als Partner der Foreign White eignen sich in erster Linie Seal- oder Bluepoint-Siamesen mit tiefblauer Augenfarbe. Voraussetzung für Paarungen untereinander ist genaue Kenntnis des Erbbildes beider Partner.
Wegen ihres anschmiegsamen, geselligen Temperaments gelten die noch seltenen Foreign White als ideale Gefährten anderer Katzen.

Punktskala (GCCF, nur für Weiß)

Felltextur	10
Fellfarbe	5
Kopf	20
Augenform	10
Augenfarbe	10
Körper	15
Beine, Füße	10
Schwanz	10
Kondition	10
	100

Orientalisch Kurzhaar Non-Agouti

(Punktskala wie angegeben)

Schwarz, Ebony (Australien: Suzuki, Self Black), Nr. 29 sb Bild 46

Pechschwarz bis zu den Haarwurzeln, kein rostiger Schimmer. *Nasenspiegel* schwarz, *Fußballen* schwarz oder braun.

Blau, Blue, Nr. 29 a Bild 47

Gleichmäßig hell- bis mittelblau. *Nasenspiegel* blau, *Fußballen* blau.

Braun, Havana (Chestnutbrown), Nr. 29 Bild 48

Alle Nuancen eines reinen, warmen Kastanienbrauns. Schnurrhaare und *Nasenspiegel* kastanienbraun, *Fußballen* rosa. (Der Standard der amerikanischen „Havana Brown", s. d., weicht von dieser Rassebeschreibung ab!).

Lila, Lavender, Nr. 29 c Bild 49

Blasses, nicht zu kräftiges Lavendelblau mit rosa Schimmer. *Nasenspiegel* und *Fußballen* rosa.

Rot, Red (wie alle folgenden Farben FIFE Nr. 29 ff) Bild 50

Warmes Rot. Aprikosenfarbenes Tabbymuster nur so schwach wie möglich. *Nasenspiegel* und *Fußballen* rosa.

Creme, Cream

Gleichmäßig cremefarben, möglichst frei von Zeichnung. *Nasenspiegel* und *Fußballen* rosa.

Schwarz-Schildpatt, Black Tortie Bild 51

Schwarz und Rot (Aprikosenfarbe und/oder warmes Rot) gleichmäßig verteilt. Farbe so leuchtend wie möglich. Rote Blesse erwünscht. *Nasenspiegel* und *Fußballen* schwarz und/oder rosa.

Blau-Schildpatt, Blue Tortie

Blau und Creme (Blaßcreme und/oder Cremeton) gleichmäßig verteilt und so leuchtend wie möglich. Cremefarbene Blesse erwünscht. *Nasenspiegel* und *Fußballen* blau und/oder rosa.

Braun-Schildpatt, Chocolate Tortie

Schokoladenfarbe und Rot (Aprikosenfarbe und/oder warmes Rot) gleichmäßig verteilt und so leuchtend wie möglich. Rote Blesse erwünscht. *Nasenspiegel* und *Fußballen* schokoladenfarben und/oder rosa.

Lila-Schildpatt, Lilac Tortie

Lila und Creme (blasse Cremefarbe und/oder warmer Cremeton) gleichmäßig verteilt. Cremefarbene Blesse erwünscht. *Nasenspiegel* und *Fußballen* blaßlila und/oder rosa.

Kommentar zu Orientalisch Kurzhaar Non-Agouti

Weiße Stichelhaare und andere Fellschattierungen zeigen sich häufig während der Jugend und sollten nicht zu streng bewertet werden. Bei erwachsenen Katzen sind Stichelhaare unerwünscht. Weiße Haarbüschel oder Flecken an Kehle und Bauch gelten als ernste Fehler. Bei allen Schildpatt-Varietäten ist der Typ wichtiger als die Farbverteilung. Die Farbnummern der Orientalisch Kurzhaar wurden noch nicht endgültig festgelegt.

Alle Angaben über Orientalisch Kurzhaar Non-Agouti gelten auch für Rauchfarben (Smoke) aller Varietäten. Voll pigmentierte Haarspitzen befinden sich bei ihr über silbrigweißem Fellgrund, wobei Maske, Ohren, Pfötchen und Schwanz kräftig gefärbt sind. Diese noch seltene Züchtung sollte am Körper keine Geisterzeichnung zeigen (Titelbild).

Orientalisch Kurzhaar Agouti

Zeichnungsmuster

Getigert (mackerel tabby): Beschreibung wie Europäisch Kurzhaar Tabby.

Getupft (spotted tabby): Beschreibung wie Europäisch Kurzhaar Tabby.

Gestromt (blotched tabby): Beschreibung wie Perser Tabby.

Farbschläge

(Punktskala wie Orientalisch Kurzhaar Non-Agouti, FIFE-Nr. 29 ff.)

Black Silver Tabby

Tiefschwarze Tabbyzeichnung auf silbernem Agouti-Grund. *Nasenspiegel* schwarz oder rosa, schwarz umrandet. *Fußballen* schwarz oder braun. *Augenumrandung* schwarz.

Brown Tabby (Seal Tabby)

Tiefschwarze Tabbyzeichnung auf braunem Agouti-Grund. *Nasenspiegel* schwarz oder rosa, schwarz umrandet. *Fußballen* schwarz oder braun. *Augenumrandung* schwarz.

Blue Tabby

Blaue Tabbyzeichnung auf beigefarbenem Agouti-Grund. *Nasenspiegel* blau oder rosa, blau umrandet. *Fußballen* und *Augenumrandung* blau.

Chocolate Tabby

Warmes Schokoladenbraun auf bronzefarbenem Agouti-Grund. *Nasenspiegel* schokoladenfarben oder rosa, schokoladenbraun umrandet. *Fußballen* und *Augenumrandung* schokoladenbraun.

Lilac Tabby

Lila Tabbyzeichnung auf beigefarbenem Agouti-Grund. *Nasenspiegel* blaßlila oder rosa, blaßlila umrandet. *Fußballen* und *Augenumrandung* blaßlila.

Red Tabby Bild 52

Warmrote Tabbyzeichnung auf beigefarbenem Agouti-Grund. *Nasenspiegel* rot oder rosa, aprikosenfarben umrandet. *Fußballen* rosa, *Augenumrandung* rosa oder aprikosenfarben.

Dazu *Cream Tabby* und alle weiteren Farben *Schildpatt und Silver Tabby.*

Kommentar zu Orientalisch Kurzhaar Agouti

Sämtliche bei Europäisch Kurzhaar beschriebenen Tabbymuster sind erlaubt. Auf Klarheit der Zeichnung, besonders des Skarabäus-Musters auf der Stirn, wird bei getupften Katzen, die in England „Egyptian Mau“ (s. d.), in Amerika „Ocicat“ (s. d.) genannt werden, großer Wert gelegt. Die Zucht von Orientalisch Kurzhaar Agouti erfordert große züchterische Erfahrung. Weitere Agouti-Varietäten, z. B. pastellfarbene (Oriental pastel), die der Chinchilla oder Cameo entsprechen, werden vorläufig nur in England gezüchtet.

Orientalisch Kurzhaar gingen aus einfarbigen Kurzhaar-Katzen und Siamesen hervor. Bei Paarung untereinander oder mit Siamesen – möglichst in den übereinstimmenden Farben – sind als Nachwuchs auch Siamesen zu erwarten.

Bei Kennern gilt die Orientalisch Kurzhaar als „gemäßigte Siamesin". Ihre Stimme ist melodisch und ausdrucksvoll, ihr Wesen lebhaft und anschmiegsam.

Perser – Langhaar –schwere Form
(Persan, Persian)
Gemeinsamer Standard für alle Perser (FIFE und GCCF)
Kopf: Rund, groß, mit kurzer, breiter Nase, vollen Wangen, kräftigem Kinn und perfektem Gebiß.
Ohren: Klein, weit auseinandergestellt, dicht behaart.
Augen: Groß, rund, gut geöffnet.
Körper: Massiv und gedrungen, doch nicht schwerfällig. Gut proportioniert.
Beine: Kurz, auf kräftigen Pfoten.
Schwanz: Kurz und buschig.
Fell: Lang, dicht, seidig, mit voller Halskrause.
Weiß mit blauen Augen, Nr. 2
Weiß mit orange Augen, Nr. 2 a — Bild 53
Weiß mit zweierlei Augen (odd-eyed), Nr. 2 b
Fellfarbe aller drei Varietäten reinweiß ohne andere Tönung. Pigmentierte Haare auf Kopf (oder Schwanz) weißer Jungtiere verschwinden bis zur Reife wieder. *Augen* so kräftig wie möglich gefärbt. Bei odd-eyed ein Auge blau, das andere orange.

Punktskala

Kopf	20
Augen	15
Körper	20
Fell	20
Farbe	25
	100

Kommentar zu Perser Weiß
Etwa 40% der weißen Katzen sind taub (s. S. 30). Zur Erzielung weißer, blauäugiger, hörender Perser kann ein Zuchtprogramm mit Perser Colourpoint durchgeführt werden. Weiß niemals mit gestromten oder silberfarbenen Partnern paaren!
Schwarz, Nr. 1 (Punktskala wie Weiß) — Bild 54
Fell rabenschwarz bis zu den Wurzeln. Keine rostigen Spuren, weiße Haare oder andere Zeichnung. Jungtiere erreichen erst spät ihre tiefschwarze Färbung und erscheinen lange Zeit gräulich oder rostig.
Augen dunkel orange bis kupferfarben, ohne Grün.
Kommentar zu Perser Schwarz
Paarung mit allen unverdünnten Farben, die kein Agouti aufweisen. Blauer Nachwuchs aus schwarzen Persern erscheint häufig recht dunkel.
Blau, Nr. 3 — Bild 55
Helles, gleichmäßig schattiertes Silberblau. *Augen* orange oder tief kupferfarben, ohne jedes Grün.

Punktskala

Kopf	25
Augen	20
Körper	15
Schwanz	10
Fell	20
Kondition	10
	100

Kommentar zu Perser Blau
Paarung möglichst nur mit verdünnten Farben ohne Agouti und Geisterzeichnung.
Braun (Self Brown, Self Chocolate)
Kräftig und gleichmäßig mittel- bis dunkelbraun, ohne jede Geisterzeichnung, Schattierung oder weiße Haare. Fell lang, dicht und fein. Volle Krause.
Augen tief orange oder kupferfarben.
Lila (Self Lilac) — Bild 56
Fellfarbe Taubengrau. *Augenfarbe* weniger intensiv als bei Braun.

Punktskala
(Vorschlag GCCF)

Kopf	25
Augen	20
Körper	15
Schwanz	10
Fell	20
Kondition	10
	100

Kommentar zu Perser Braun und Lila
Beide Farben wurden durch die Zucht der Colourpoint Perser möglich. Wichtig ist, bei der Zucht Typ und Augenfarbe zu beachten.

Rot (Self Red), Nr. 4 Bild 57

Tiefdunkler Farbton, ohne Abzeichen, Tigerzeichnung oder Flekken. *Augen* tief kupferfarben.

Punktskala	
Kopf	20
Augen	15
Körper	15
Fell, Farbe	50
	100

Kommentar zu Perser Rot
Paarung mit allen unverdünnten Farben ohne Agouti und Geisterzeichnung (s. S. 26). Cremefarbener Nachwuchs aus roten Persern ist oft nicht zart genug getönt.

Creme, Nr. 5 (Punktskala wie Rot) Bild 58

Reine, gleichmäßige, unschattierte und zeichnungsfreie Färbung. *Augen* tief kupferfarben.

Kommentar zu Perser Creme
Paarung nur mit verdünnten Farben ohne Agouti und Geisterzeichnung.

Schildpatt (Tortoiseshell), Nr. 11 (Punktskala wie Rot)

Schwarz, Rot, Creme gut voneinander getrennt, klar und leuchtend. *Augen* tief orange oder kupferfarben.

Blauschildpatt, Nr. 11 a (Punktskala wie Rot) Bild 59

Blau und Creme gut voneinander getrennt. *Augen* tief orange oder kupferfarben.

Kommentar zu Perser Schildpatt und Blauschildpatt
Paarung in erster Linie mit Weiß, Schwarz, Rot oder Bicolor (s. S. 27). Stromung als Geisterzeichnung bei beiden Farben wichtig. Beide weiblich.

Blaucreme, Nr. 13 (Punktskala wie Rot)

Leichtes, zart vermischtes Blau mit Creme. *Augen* tief orange bis kupferfarben.

Kommentar zu Perser Blaucreme
Ebenfalls in der Regel weiblich. Paarung nur mit verdünnten Farben ohne Agouti und Geisterzeichnung.

Schildpatt und Weiß, Nr. 12 (Punktskala wie Rot)

Schwarz, Rot, Creme gut verteilt und vom Weiß getrennt. Auf dem Rücken möglichst kein Weiß. Kleiner weißer Fleck am Kinn gestattet. *Augen* tief orange oder kupferfarben.

Blauschildpatt und Weiß, Nr. 12 b (Punktskala wie Rot)

Farben ebenso verteilt wie bei Schildpatt und Weiß. Blau, Creme und Weiß nicht miteinander vermischt. *Augen* tief orange bis kupferfarben.

Kommentar zu Perser Schildpatt und Blauschildpatt und Weiß
Paarung in erster Linie wie vorige. Beide Farben ebenfalls in der Regel weiblich (Vererbung s. S. 35). Die amerikanische *Calico Perser* besitzt keine Geisterzeichnung, zeigt daher nur rote und schwarze, klar vom Weiß abgesetzte Flecken.

Bicolor (Zweifarbig), Nr. 12 a Bild 60

Jede solide Farbe und Weiß erlaubt. Keine Tabbyzeichnung. Farbige Flecken sauber und gut verteilt. Nicht mehr als ⅔ des Felles farbig, nicht mehr als die Hälfte weiß. Gesicht und Pfoten weiß gefleckt. Krause besonders gut ausgebildet. Schwanz sehr buschig.

Augen orange oder kupferfarben.
Kommentar zu Perser Bicolor
Scheckung entspricht etwa der Holländer Scheckung bei Kaninchen (s. S. 30). Mit Hilfe weißer oder weißgescheckter Partner kann bei Bicolor-Katzen mit zu geringem Weiß-Anteil versucht werden, bei den Nachkommen eine Verstärkung der Weißscheckung zu erzielen. Meist wählt man jedoch einfarbige Partner ohne Agouti.

Punktskala

Kopf	25
Augen	15
Körper, Beine	15
Schwanz	5
Fell	15
Farbe, Scheckung	25
	100

Smoke (rauchfarben, früher Silbermoor), Nr. 6
(Black Smoke)
Kopf und Füße schwarz, Halskrause und Ohrbüschel silbrig. *Augen* tief kupferfarben.

Punktskala

Augen	10
Gestalt	20
Schwanz	10
Fell, Kondition	20
Farbe	40
	100

Blue Smoke, Nr. 6 a
Farbverteilung wie bei Smoke, doch Blau statt Schwarz. *Augenfarbe* wie bei Black Smoke.
Kommentar zu Perser Black und Blue Smoke
Während Smoke (Black Smoke) mit allen Smoke-Varietäten (außer Golden Smoke) sowie mit Schwarz und Rot gepaart werden kann, kommt für Blue Smoke, neben Blue- und Black Smoke, nur einfarbig Blau in Frage. Jungtiere aller Smoke-Varietäten werden mit hellem, gestreiftem Gesicht geboren (Waschbärenzeichnung, s. S. 29), das nur langsam ausfärbt. Smoke sind frei von Agouti und sollen keine Geisterzeichnung zeigen.

Alle folgenden Smoke-Varietäten (u. a auch Brown- und Lilac-Smoke) sind bei uns nicht anerkannt.
Golden Smoke
Unterfell dunkles Creme oder lichter, heller Zimtton. Fellspitzen sealbraun oder schwarz. Halskrause dunkelcreme oder lichter, heller Zimtton. *Nasenspiegel* tief rosenrot, Gesichtsmaske sealbraun oder schwarz. *Augen* tief smaragdgrün oder aquamarinfarben.
Kommentar zu Perser Golden Smoke
Paarung nur mit den anderen „Goldens". Aus „Gold" wurde durch Auslese „Silber" entwickelt (s. S. 28). Züchtung nur in Amerika.
Red Smoke (Cameo Smoke)
Standard CFA, Amerika: Weißes Unterfell, Haarspitzen mit tief herabgezogenem Rot. Fell in Ruhestellung rot, bei Bewegung weißes Unterfell sichtbar. Abzeichen und Maske rot, mit schmalem weißem Rand in Hautnähe, der nur sichtbar wird, wenn man das Fell teilt. Weiße Krause und Ohrbüschel. *Nasenspiegel, Augenränder* und *Fußballen* rosenrot. *Augen* leuchtend kupferfarben.
Partner in erster Linie Rot, Red Smoke, Cameo.
Schildpatt Smoke Bild 61
Schwarz, Rot und Creme wie bei Schildpatt gut verteilt. Unterfell, Halskrause und Ohrbüschel silbrig weiß, *Nasenspiegel* und *Fußballen* schwarz und/oder rosenrot. *Augen* tief kupferfarben.
Partner sind Schwarz, Rot, Black Smoke, Cameo. Wertvoll für die Cameo-Zucht. Paarungen wie vorige.

Punktskala

Kopf	20
Augen	15
Körper	15
Schwanz	10
Fell, Kondition	15
Farbe	25
	100

Chinchilla, Nr. 10 Bild 62
Unterfell reines Silberweiß. Fell auf Rücken, Seiten, Kopf und

Schwanz mit zarten, gleichmäßig verteilten schwarzen Spitzen. Daher leichter schwarzer Schimmer. *Nasenspiegel* ziegelrot, schwarz umrandet. *Augenlider, Lippen* und *Fußballen* schwarz. *Augenfarbe* smaragdgrün oder blaugrün.

Silver Shaded (Silberschattiert) Bild 63

Standard CFA, Amerika: Unterfell silberfarben mit durch schwarze Haarspitzen schattierter Decke. Schattierung zieht sich an Flanken, Gesicht und Schwanz vom Dunkel der Oberseite bis zum Silberweiß an Kinn, Brust, Bauch und Schwanzunterseite hin. Beine wie das Gesicht getönt. Dunkler als Chinchilla. *Augenränder, Lippen* und *Nasenspiegel* schwarz umrandet. *Nasenspiegel* ziegelrot. *Fußballen* schwarz. *Augen* grün oder blaugrün.

Punktskala (CFA)

Kopf	30
Typ	20
Fell	10
Kondition	10
Farbe	20
Augenfarbe	10
	100

Kommentar zu Perser Chinchilla und Silver Shaded

Beide Farben getrennt züchten, da im Erbbild der Chinchilla eine Erbanlage vorliegt, die das in der Kindheit sichtbare Tabbymuster allmählich verblassen läßt (s. S. 28). Alle Shaded und Chinchilla besitzen Agouti. FIFE-Anerkennung von Silver-Shaded 1976.

Golden Chinchilla

Farbe rotgold, Haarspitzen sealbraun bis schwarz, desgleichen das Schwanzende und das „M" auf der Stirn. Gesicht und Kinn cremeweiß bis weiß. Halskrause cremegold. *Nasenspiegel* tief rosenrot. Augen und Nasenspiegel schwarz umrandet. *Augen* smaragdgrün oder aquamarinfarben.

Golden Shaded Bild 64

Farbe zimtbraun, an Haarspitzen, Schwanzende und „M" auf der Stirn in Sealbraun bis Schwarz übergehend. Gesicht, Kinn und Halskrause creme-beige oder warm cremefarben. *Nasenspiegel* tief rosenrot. Augen und *Nasenspiegel* mit Sealbraun oder Schwarz umrandet. *Augen* tief smaragdgrün oder aquamarinfarben.

Kommentar zu Perser Golden Chinchilla und Shaded

Züchtung nur in Amerika. Aus „Gold" entstand durch Auslese „Silber" (s. Golden Smoke). Paarung nur innerhalb der goldenen Varietäten.

Cameo Shell (rote Chinchilla), FIFE-Nr. 6 d/sh

Unterwolle weiß, durch rote Haarspitzen im Gesicht, auf Rücken, Seiten und Schwanz zart getönt. Ohrbüschel, Kinn, Brust und Bauch reinweiß. Geisterstreifen auf Vorderbeinen und im Gesicht noch erlaubt. *Nasenspiegel, Augenränder* und *Fußballen* rosenrot. *Augen* tief kupferfarben.

Punktskala (FIFE)

Kopf	20
Augen	10
Körper, Kondition	20
Fell	10
Farbe	40
	100

Cameo Shaded (rot schattiert), FIFE-Nr. 6 d/sd Bild 65

Beschreibung wie Silver Shaded, jedoch mit Rot statt Schwarz. *Augen* tief kupferfarben.

Kommentar zu Perser Cameo Shell und Shaded

Neben Paarung untereinander kommen auch Schildpatt- und Cameo Smoke sowie Rot als Partner in Frage, sofern keine Geisterzeichnung vorliegt.

Perser mit Tabbyzeichnung

Stromung (blotched tabby) ist die „klassische" Zeichnung aller Perser Tabby. Nur bei Golden Tabby ist auch Tigerung (mackerel tabby) gestattet. Beschreibung der Stromung: Zwei bis drei geschwungene Streifen auf den Wangen, zwei halsbandartige, eng zusammenliegende Streifen auf der Brust, Schmetterlingszeichnung auf den Schultern. Pfoten getigert, Schwanz beringt (Abb. 15 und 16, S. 26 f.).

Silver Tabby (Silbergestromt), Nr. 7
Reines Silber, ebenholzfarbene Zeichnung. Brauntönung fehlerhaft. *Augenfarbe* grün.

Kommentar zu Perser Silver Tabby
Silver Tabby entstand durch sorgfältige Auslese. Daher Paarung von Silver Tabby nur innerhalb der eigenen Farbe.

Punktskala

Kopf	20
Gestalt	15
Schwanz	10
Fell, Kondition	15
Farbe	40
	100

Golden Tabby
Grundfarbe ist eine Zimt-Honig-Tönung bis zu Creme. *Tabbyzeichnung* in Sealbraun oder Schwarz. Gesicht, Kinn, Halskrause in Honig-Tönung. *Augen* schwarz umrandet. *Augenfarbe* tief smaragdgrün oder aquamarin.

Kommentar zu Golden Tabby
Paarung ebenfalls nur untereinander oder mit den anderen „Goldenen".

Brown Tabby (Braungestromt), Nr. 8 Bild 66
Punktskala wie Rot. *Grundfarbe* fahlrot. *Zeichnung* tiefschwarz. *Augen* kupfer- oder haselnußfarben.

Blue Tabby (Blaugestromt), FIFE Nr. 8 a Bild 67
Standard CFA, Amerika: *Grundfarbe,* einschließlich Lippen und Kinn, sehr blasses Elfenbein mit bläulichem Schimmer. *Zeichnung* sehr tiefes Blau in gutem Kontrast zur Grundfärbung. Über allem warme, rehbraune oder bronzefarbene Schattierung. *Nasenspiegel* altrot. *Fußballen* rosenrot. *Augenfarbe* leuchtendes Kupfer.

Kommentar zu Perser Brown und Blue Tabby
Beide Farbschläge lassen sich untereinander zur Zucht nehmen, denn Blau ist die Farbverdünnung von Schwarz. (In Wahrheit ist „Brown" Tabby „Black" Tabby, s. S. 26).

Red Tabby (Rotgestromt), Nr. 9
Klar abgegrenzte, tiefrote Zeichnung auf rotem Grund. *Augen* tief kupferfarben.

Kommentar zu Perser Red Tabby
Da Schildpatt bzw. Tortie Tabby nicht anerkannt sind (Äußeres ähnlich wie Brown Tabby), sollten Red Tabby besser nur untereinander zur Zucht genommen werden. Paarungen mit Silver Tabby führen auf dem Wege über „Silver Tortie Tabby" zu Cameo Tabby, die in Amerika gezüchtet werden.

Peke-Face Red und **Peke-Face Red Tabby** Bild 68
Standard CFA, Amerika (Punktskala wie Silver Shaded): Perser Peke-face (Pekingesen-Gesicht) sollte in Farbe, Zeichnung und Gesamterscheinung dem Standard für Rot oder Rotgestromt entsprechen.

Ihr *Kopf* sollte möglichst dem des Pekingesen ähneln, nach dem sie benannt wurde. Nase kurz und zusammengedrückt bzw. zwischen die Augen gerichtet. Gesicht runzelig. *Augen* rund, groß, weit offen, weit auseinanderliegend, ausdrucksvoll und leuchtend. Sie verkörpert den „extremsten" Persertyp.

Perser Colourpoint, Nr. 13 b Bild 69, 70
(Himalayan, Khmer)
Abzeichenfarbe und Körperfarbe sind die gleichen wie bei Siamesen. *Augen* möglichst dunkles Blau. Schwanz ohne Knoten.
Farbschläge: Sealpoint (I), Bluepoint (II, Bild 69), Chocolatepoint (III), Lilacpoint (IV), Redpoint (Flamepoint, V), Tortiepoint (VI, Bild 70) und weitere Siamfarben.
Kommentar zu Perser Colourpoint
Partner sind neben Colourpoint der gleichen Farben und Weiß (Zuchtprogramm für Weiß mit blauen Augen) jeweils alle entsprechenden einfarbigen Perser ohne Weißscheckung. Perser Tabbypoint werden bereits in Holland gezüchtet. Intensität der Augenfarbe wird durch Auslese erreicht. (Starke Pigmentierung ergibt tiefes Blau!) Self-Brown und Self-Lilac Perser entstammen der Colourpoint-Zucht.
Kommentar zu Perser allgemein
Perser brauchen besonders sorgfältige, regelmäßige Fellpflege, um gesund zu bleiben. Ihr Wesen ist ruhig und zurückhaltend, ihre Stimme zart und angenehm. Perser (besonders Kater!) sind in der Regel „Spät-Entwickler". Der Typ der heutigen Perser ist Ergebnis züchterischer Auslese. Vor 200 Jahren (Bild 17) glichen sie der Turkish Angora (s. d.). Im 12. Jh. Zucht in China (Bild 11).

Punktskala

Kopf	25
Augenform	10
Augenfarbe	10
Körper	10
Schwanz	10
Körper- und Abzeichenfarbe	10
Fell	15
Kondition	10
	100

Ragdoll Cat – Halblanghaar – schwere Form Bild 71
Kopf: Augen und Ohren weit auseinanderliegend. Kopf des Katers beidseitig etwa 2 cm breiter als Kopf der Kätzin. Kopflinien zu einem runden Kinn zusammenfließend. Profil mit deutlichem Stop wie das der Burmesin. Stirn leicht abgeschrägt. Flache Stelle auf dem Oberkopf.
Kinn: Stark und gut entwickelt. Weiß bis Hellbraun der Unterlippe in Färbung der Halskrause übergehend.
Backenknochen: Kräftig.
Wangen: Voll.
Nase: Mittellang. Schnurrhaarkissen tief angesetzt.
Ohren: Mittelgroß, leicht nach vorn geneigt.
Augen: Augenlider in den äußeren Augenwinkeln leicht nach oben verlaufend.
Körper: Unterseite überwiegend weiß. Körpermitte und Hinterleib außergewöhnlich schwer. Kater stämmiger als die zarteren, kleineren Kätzinnen. Die Länge zwei- bis dreijähriger Kater sollte von der Nasen- bis zur Schwanzspitze etwa 90 cm betragen. Normale Rückenhöhe ca. 30 cm, Kopfhöhe ca. 40 cm (Gewicht ca. 7,5 – 10 kg); Kätzinnen etwa 3 cm kürzer und niedriger.
Beine: Mittellang und kräftig. Hinterbeine etwas höher als Vorderbeine.
Pfoten: Fest, rund und dick. Alle vier Pfoten weiß, Vorderpfötchen mit zarten weißen „Handschuhen", Hinterpfötchen mit kurzen „Söckchen" bis fast an die Fußgelenke. Haare zwischen den Zehen.
Schwanz: Mittellang, füllig. Federbuschartig getragen.
Fell: Mittellang bis lang. Extrem dicht, weich wie Kaninchenfell.

Punktskala
(Amerika, Ragdoll Cat Association)

Charakter	10
Kopf	10
Ohren	10
Augenfarbe und -form	10
Körper	10
Beine, Füße	10
Schwanz	10
Farbe	10
Fell	10
Kondition	10
	100

Nicht filzend. Jahreszeitlich bedingte Längenunterschiede sollten gestattet sein.
Farbe: Geringer Kontrast zwischen Körper- und Abzeichenfarbe. Abzeichen (Maske, Ohren und Vorderbeine) mit Ausnahme der Pfötchen in gleicher Schattierung klar gezeichnet. Maske bedeckt Wangen, Nase und Augenpartien sowie Schnurrhaarkissen und zieht sich bis zur Stirn.

Farbschläge der Ragdoll

Sealpoint

Verschiedene Tönung der Körperfarbe von blaßbräunlich bis zu warmem Braun. Lichte Färbung hinter den Ohren, bis zum Schwanzende allmählich dunkler werdend. Abzeichen tief sealbraun. „Handschuhe" und „Söckchen" reinweiß. *Augenfarbe* blau, je tiefer, desto besser.

Lilacpoint

Ohren, Gesicht, Schwanz und Beine dunkellila mit weißem Streifen vom Kinn zum Schwanz. Pfötchen weiß. *Nasenspiegel* lila. *Augen* möglichst tief blau.
Unerwünscht: Weiße Brust, Siamkopftyp.
Einschränkende Bewertung: Fehlen weißer „Handschuhe" und weißer „Söckchen". Abnormer oder Knickschwanz. Schielen. Augenfarbe nicht blau.
Kommentar zu Ragdoll
Ragdolls sind erst mit drei Jahren ausgewachsen. Als Teil-Albinos werden sie weiß geboren und dunkeln nach jedem Fellwechsel, beginnend an den Ohren, allmählich nach. Die Ragdoll ist eine junge, sogar „gesetzlich geschützte" amerikanische Züchtung. Ihr Äußeres erinnert stark an das der Birma (s. d.). Augenblicklich existieren neben der im Standard beschriebenen Form noch die beiden Farbschläge, aus denen sie hervorging (Colourpoint und Bicolor). Nach Aussage ihrer Züchter verdankt diese extrem schwere Rasse ihren Namen (doll = Puppe) ihrer Verträglichkeit und Verspieltheit.

Rex, Cornish – Schlankform, Nr. 33 Bild 72

(Rex, Gen I)
Standard gemeinsam mit **Rex, German,** Bild 73
Kopf: Mittlere Keilform, zum kräftigen Kinn hin schmaler werdend; Länge des Kopfes soll etwa ein Drittel mehr betragen als die maximale Breite. Flacher Schädel. Profil bildet gerade Linie von Stirnmitte bis Nasenspitze (s. S. 133).
Ohren: Groß, ziemlich hoch angesetzt, breit im Ansatz, an den Spitzen gerundet, mit feinsten Haaren dicht besetzt.
Augen: Mandelförmig, mittelgroß.
Körper: Fest, muskulös, schlank, mittelgroß.
Beine: Lang und schlank. Gesamteindruck hochbeinig. Kleine, ovale Füße.
Schwanz: Lang, dünn, zugespitzt. Dicht mit gelocktem Haar versehen.
Fell: Kurz, dicht, plüschartig in der Textur, ohne Grannenhaare,

Punktskala
(FIFE, GCCF)

Kopf	5
Augen	5
Ohren	10
Körper, Beine	25
Schwanz	5
Fell	50
	100

gelockt oder gewellt, besonders an Rücken und Schwanz. Schnurrhaare und Augenbrauen gekräuselt und von guter Länge. Alle Fellfarben erlaubt. Weiße Stellen müssen symmetrisch sein, außer bei Schildpatt und Weiß.
Augenfarbe: Zur Fellfarbe passend.
Fehler: Asymmetrische weiße Stellen, außer bei Schildpatt und Weiß. Struppiges oder zu kurzes Fell. Nackte Stellen gelten bei Jungtieren als Fehler, bei erwachsenen Katzen als schwerwiegender Fehler. Dicker oder zu langer Kopf. Kleine Ohren. Gedrungener Körper. Fehlen fester Muskulatur. Kurzer oder nackter Schwanz.
Kommentar zu Cornish und German Rex
Obwohl Cornish und German Rex z. Z. nach dem gleichen Standard beurteilt werden, ist es ratsam, jede Form nur mit ihresgleichen zu paaren, da noch nicht eindeutig geklärt ist, ob sie im Erbbild voll übereinstimmen. Geringfügige Haarunterschiede lassen vermuten, daß es sich bei ihnen um zwei verschiedene Erbänderungen im gleichen Gen-Ort handelt (s. S. 31). Das Wesen aller Rex-Varietäten ist liebenswürdig und zutraulich, ihre Stimme fein und melodiös.

Rex, Devon – Schlankform, Nr. 33 a Bild 74
(Rex Gen II)
Kopf: Keilförmig. Volle Wangen, kurzes Schnäuzchen mit kräftigem Kinn und „whisker break" (Pinch). Nase mit ausgeprägtem Stop. Stirn biegt sich zu flachem Schädel zurück.
Ohren: Groß, ziemlich tief gesetzt, sehr breit im Ansatz, an den Spitzen abgerundet und mit feinsten Haaren dicht besetzt. Mit oder ohne behaarte Hautfalten am hinteren Ohransatz (ear muffle, s. S. 133).
Augen: Weit auseinandergesetzt, groß, mandelförmig, die äußeren Augenecken auf die Ohrenaußenkanten zeigend. Farbe passend zur Fellfarbe, chartreuse, grün oder gelb (außer bei *Si-Rex*).
Hals: Schlank.
Körper: Fest und muskulös, schlank und mittelgroß. Breite Brust.
Beine: Lang und schlank, Hinterbeine etwas höher als Vorderbeine. Kleine, ovale Füße.
Schwanz: Lang, dünn und zugespitzt, dicht besetzt mit kurzem Haar.
Fell: Sehr kurz und fein, wellig und weich, ohne Grannenhaare. Schnurrhaare und Augenbrauen gekräuselt, ziemlich kräftig und mittellang. Alle Fellfarben außer zweifarbig sind erlaubt. Weiße Stellen werden als Fehler gewertet, ausgenommen bei Schildpatt und Weiß. Falls die unteren Körperpartien nur Flaum aufweisen, sollte dies nicht als Fehler gelten.
Fehler: Struppiges oder nicht gewelltes Fell. Weiße Stellen, ausgenommen bei Schildpatt und Weiß. Nackte Stellen gelten bei Jungtieren als Fehler, bei erwachsenen Katzen als schwerwiegender Fehler. Schmaler, langer oder dicker Kopf. Gedrungener Körper. Fehlen fester Muskulatur. Kleine oder hoch angesetzte Ohren. Kurzer, nackter oder buschiger Schwanz.

Punktskala
(FIFE, GCCF)

Kopf	15
Augen	5
Ohren	10
Körper, Hals, Beine	25
Schwanz	5
Fell	40
	100

Kommentar zu Devon Rex
Devon Rex sollten – wie die anderen Rex-Formen auch – nur untereinander zur Zucht genommen werden. Paarung zweier verschiedener Rex-Varietäten führt zunächst zu normalbehaartem Nachwuchs (s. S. 31). Der rezessive Faktor für Haarlosigkeit konnte durch Auslese fast völlig aus der Devon Rex-Zucht verbannt werden.
Als *Si-Rex* bezeichnet man Rexkatzen mit Siam-Abzeichen.

Russisch Blau – Kurzhaar – mittelkräftige Form, Nr. 16 a Bild 75
(Bleu Russe, Russian Blue, Archangel-Katze)

Punktskala
(FIFE, GCCF)

Kopf, Ohren	15
Augen	15
Körperform, Schwanz	25
Farbe	20
Fell, Kondition	25
	100

Kopf: Kurz, keilförmig, mit flachem Schädel. Stirn und Nase gerade, jedoch am Nasenansatz einen Winkel bildend. Stark betonte Schnurrhaarkissen. Kräftiges Kinn.
Ohren: Groß und zugespitzt, am Ansatz weit offen, senkrecht stehend. Haut der Ohren dünn und durchsichtig, Innenseite wenig behaart.
Augen: Weit auseinandergesetzt, mandelförmig.
Körperform: Langgestreckt; graziler Wuchs und Gesamteindruck. Mittelstarker Knochenbau.
Schwanz: Ziemlich lang und spitz zulaufend.
Beine und Füße: Hohe Beine; schmale, ovale Füße.
Fellfarbe: Reines, gleichmäßiges Blau. Mittelblau bevorzugt. Erwachsene Katzen müssen frei von Streifen und Schattierungen sein.
Augenfarbe: Lebhaftes Grün.
Fell: Kurz, dicht, sehr fein, seidig und weich, abstehend wie Seehundsfell (sealskin). Fell ganz verschieden von dem jeder anderen Rasse. Es ist „doppelt" und weist deutlichen Silberschimmer auf. Die wahren Kennzeichen der Russisch Blau sind Textur und Aussehen des Felles.
Fehler: Weiße Flecken, Streifenzeichnung. Gedrungener oder schwerer Körperbau. Viereckiger Kopf. Gelblicher Schimmer in den Augen. Siamesentyp.
Kommentar zu Russisch Blau
Die Angehörigen dieser Rasse dürfen nur untereinander zur Zucht genommen werden, um Typ und Fellbeschaffenheit nicht zu verderben. Die Stimme der Russisch Blau ist zart und unaufdringlich, ihr Temperament lebhaft, doch ausgeglichen.

Scottish Fold – Kurzhaar – schwerer Typ Bild 76
(Lop Ear Cat, Hängeohrkatze)

Punktskala
(England)

Kopf, Hals	20
Ohren	30
Augen, Augenfarbe	5
Körper	20
Schwanz, Beine, Pfoten	10
Fell, Farbe, Zeichnung	15
	100

Kopf und Hals: Kopf zwischen den Ohren breit; gut entwickelte Wangen; Gesicht und Nase kurz.
Ohren: Klein und oberhalb der Gehörkapsel nach vorn und unten gebogen. Bei Jungtieren darf dieser Knick noch schwach sein, in der Reife sollte er jedoch gut zu sehen sein.
Augen und Augenfarbe: Augen rund und weit geöffnet. Augenfarbe zur Fellfarbe passend.
Körper: Stattlich, wohl geformt und kräftig. Stämmig und harmonisch. Brust voll und breit.

Schwanz: Am Grunde dick, mit gutem Ansatz. Entweder kurz mit abgerundetem oder länger mit leicht zugespitztem Ende.
Fell, Farbe und Zeichnung: Haar kurz, fein und dicht. Alle Farben und Zeichnungsmuster erlaubt.
Kommentar zu Scottish Fold
Diese Rasse verdankt ihre Entstehung einer dominant vererbbaren Mutation (s. S. 32). Die ersten Hängeohrkatzen wurden im Jahre 1961 in Schottland entdeckt. Heute züchtet man sie auch in Amerika. Als ihre Partner wählt man British Shorthair, um den reinerbigen Zustand wegen etwaiger Skelettmißbildungen auszuschließen. Die Anerkennung der Scottish Fold ist noch immer umstritten. Sie gelten als freundliche, ruhige Hausgenossen.

Siamkatze – Kurzhaar – Schlankform
(Siamois, Siamese)
Kopf: Lang und gut proportioniert, in perfekten, geraden Linien zur feinen, spitzen Nase zusammenlaufend. Kräftiges Kinn. Nase lang, deutlich markiert (s. S. 133).
Ohren: Groß, breit im Ansatz, weit auseinandergestellt, gerade aufgerichtet.
Augen: Orientalische Form, schräg zur Nase stehend, weit auseinandergesetzt, nicht schielend. Aufmerksamer, intelligenter Ausdruck.
Körper: Mittelgroß, lang, schlank, geschmeidig. Hals lang und zierlich, doch muskulös.
Beine: Lang, verhältnismäßig fein. Hinterbeine etwas höher als Vorderbeine. Kleine, ovale Füße.
Schwanz: Lang, gerade, zugespitzt (Peitschenschwanz). Kein Knoten! Körper, Beine, Füße, Kopf und Schwanz gut proportioniert. Gesamteindruck von Wohlabgewogenheit. (Leichtes Knötchen am Schwanzende wird meist toleriert; sichtbare Anomalien führen hingegen zur Disqualifikation.)
Fell: Sehr kurz, straff, fein in der Textur (Seidenhaar!), glänzend, eng anliegend.
Fehler: Knick- oder Knotenschwanz, Schielen, grünlicher Schimmer in den Augen. Weiße Zehen.

Punktskala
(FIFE, GCCF)

Typ und Form:	
Kopf	15
Ohren	5
Augen	5
Körper	15
Beine, Füße	10
	50
Farbe:	
Augen	15
Abzeichen	10
Körperfarbe	10
Felltextur	10
Kondition	5
	50
zusammen	100

Farbschläge der Siamesen
Sealpoint (schwarzbraune Abzeichen), Nr. 24 Bild 77
Körperfarbe Creme, sich auf dem Rücken zu warmem, hellbraunem Farbton verdunkelnd. Jungtiere heller gefärbt. *Abzeichen* an Maske, Ohren, Beinen, Schwanz tiefes, gleichmäßiges Schwarzbraun („seal“). Vollständige Gesichtsmaske erwachsener Katzen durch Striche mit den Ohren verbunden. *Nasenspiegel* und *Fußballen* schwarzbraun. *Augenfarbe* klares, strahlendes Tiefblau.
Bluepoint (blaue Abzeichen), Nr. 24 a Bild 78
Körperfarbe eisfarbenes Weiß, auf dem Rücken in Blau übergehend (gleicher kalter Ton wie Abzeichen, jedoch heller!). *Abzeichenfarbe* Blau. Einheitlicher Farbton. Ohren dürfen nicht dunkler sein als übrige „Points“. *Nasenspiegel* und *Fußballen* schieferfarben. *Augenfarbe* klares, leuchtendes, lebhaftes Blau.

Chocolatepoint (schokoladenfarbene Abzeichen), Nr. 24 b Bild 79
Körperfarbe Elfenbein. Leichte Schattierung, falls vorhanden, dem Ton der Abzeichen angepaßt. *Abzeichen* milchschokoladenfarben. Einheitliche Tönung. Ohren nicht dunkler als die übrigen „Points". *Nasenspiegel* und *Fußballen* zimtfarben. *Augenfarbe* klares, leuchtendes, lebhaftes Blau.

Lilacpoint (lila Abzeichen), Nr. 24 c (Frostpoint) Bild 80
Körperfarbe gebrochenes Weiß („off-white"). Leichte Schattierung, falls vorhanden, dem Ton der Abzeichen angepaßt. *Abzeichen* hellgrau mit rosa Schimmer. *Nasenspiegel* und *Fußballen* blaßlila. *Augenfarbe* klares, lebhaftes, jedoch nicht blasses Blau.

Redpoint (rote Abzeichen), Nr. 32 a Bild 82
(Colorpoint Shorthair Redpoint, Flamepoint)
Körperfarbe Weiß. Leichte Schattierung, falls vorhanden, aprikosenfarben. Jungtiere heller. *Abzeichenfarbe* an Maske, Ohren, Schwanz klares Rotgold, an Beinen und Füßen klares Rotgold oder Aprikosenfarbe. *Nasenspiegel* und *Fußballen* rosa. *Augenfarbe* leuchtendes, lebhaftes Blau.
Bemerkung: Streifen an Kopf, Schwanz oder Beinen gelten nicht als Fehler.

Creampoint (cremefarbene Abzeichen), Nr. 32 c
Körperfarbe Weiß. Leichte Schattierung, falls vorhanden, hellcreme. *Abzeichenfarbe* Creme; Maske durch farbige Streifen mit Ohren verbunden. Tiefes Creme erwünscht. *Nasenspiegel* und *Fußballen* rosa. *Augenfarbe* leuchtendes, lebhaftes Blau.
Bemerkung: Streifen an Kopf, Schwanz oder Beinen kein Fehler.

Tortiepoint (schildpattfarbene Abzeichen), Nr. 32 b
(Colorpoint Shorthair Tortiepoint)
Körperfarbe wie bei den entsprechenden anderen Siamfarben. Unterschieden werden Seal Tortie, Blue Tortie, Chocolate Tortie, Lilac Tortie. *Abzeichenfarben* Schwarz, Blau, Braun oder Lila mit Rot und/oder Creme in deutlichen Kontrasten vermischt oder gefleckt; Beine in Grundfarbe der Maske mit Rot und/oder Creme gesprenkelt oder vermischt. *Augenfarbe* Blau wie bei den entsprechenden Abzeichenfarben.
Bemerkung: Verteilung der Flecken in Nasenspiegel- oder Abzeichenfärbung beliebig und unwichtig. Streifen und „Ticking" gelten als Fehler. Tortiepoint sind in der Regel weiblich (s. S. 27).

Tabbypoint (gestreifte Abzeichen), Nr. 32 Bild 81
(Colorpoint Shorthair Tabbypoint, Lynxpoint)
Alle Farben gestattet. *Körperfarbe* blaß, ohne Schattierung, dem jeweiligen Farbschlag entsprechend getönt. Ohren einfarbig, ohne Streifen. „Wildfleck" auf Ohrrückseite, jedoch bei Tortie Tabby Ohren insgesamt wie bei Tortiepoint schwarz, rot und/oder creme gesprenkelt.
Nasenspiegel der Varietät entsprechend getönt oder rosa. *Maske* mit klar abgegrenzten Streifen, besonders um Augen und Nase. Deutliche Zeichnung der Wangen. Dunkel getupfte Schnurrhaarkissen (Erkennungsmerkmal von Tabby-Jungtieren!).
Augenfarbe klares, leuchtendes Blau. Augenlider dunkel umrandet oder zu Abzeichen passend getönt. *Beine* mit verschieden langen,

Punktskala
(FIFE, GCCF)

Typ und Form wie vorige	50
Farbe (40)	
Beringter Schwanz	10
Augen	10
Körperfarbe	10
Abzeichen	10
Felltextur	5
Kondition	5
	100

unterbrochenen Streifen; Füße ohne Streifen. Sohlen der Hinterfüße einfarbig. Bei Tortie Tabby Färbung der Beine schwarz, rot und/oder creme gefleckt. *Schwanz* mit verschieden großen, klar abgegrenzten Ringen, einfarbige Schwanzspitze. *Fußballen* je nach Abzeichen gefärbt, bei Tortie Tabby gesprenkelt.
Weitere Farben (z. B. Smoke, Shaded) werden bei GCCF und FIFE unter Nr. 32 x zusammengefaßt.
Kommentar zu Siam
Aus Südostasien stammende Siamesen wurden bereits auf den ersten Katzenausstellungen Englands Ende des vorigen Jahrhunderts vorgestellt. Man unterschied zwischen einem dunkleren, rundköpfigen und einem heller gefärbten, langköpfigen Typ („marten face" = Mardergesicht), der sich in der heutigen Siamesenzucht durchgesetzt hat. Dabei bildet der Umriß des Kopfes von der feinen Nasenspitze bis zu den Spitzen der ziemlich tief angesetzten Ohren von vorn ein harmonisches, gleichseitiges Dreieck, bei dem der Zwischenraum zwischen beiden Augen nicht weniger als eine Augenbreite betragen sollte (s. Standard Balinese!).
Heute ist es allgemein üblich, Siamesen aller Farbschläge untereinander zu paaren, doch die Erfahrung lehrt, daß Reinzucht innerhalb der einzelnen Varietäten (besonders der verdünnten Abzeichenfarben!) die beste Methode ist, um durch züchterische Auslese reine, klare Farben zu erhalten.
Für alle Teil-Albinos gelten die gleichen Erbgesetze wie für Katzen mit voller Färbung. (Näheres dazu im Kapitel über Vererbung.)
Die Stimme der Siamesen ist kräftig und modulationsfähig, ihr Wesen gesellig und lebhaft. Sie gelten als „frühreif". Kastration von Katern mit etwa 9, von Kätzinnen mit 12 – 15 Monaten, jedoch bei beiden niemals vor Einsetzen der Geschlechtsreife.

Somali – Halblanghaar – mittelkräftige Form

Kopf: Schädel bildet ausgewogenen, rundlichen Keil ohne ebene Flächen, mit weicher Profillinie sowie leichter Erhebung zwischen Nasenrücken und gut geformter Stirn. Gute Breite zwischen den Ohren. Kopf ohne Absatz in gebogenen Hals übergehend. Gerundetes, weder vorstehendes noch fliehendes Kinn. Schnäuzchen, von vorn gesehen, mit weichen Konturen, weder stark betont noch fuchsartig spitz. Kein Pinch.
Ohren: Groß, aufrecht, leicht zugespitzt, am Grunde breit gewölbt. Ohrrückseite in gleicher Ebene mit Hinterkopf. Horizontale, lange Haarbüschel im Ohrinnern erwünscht.
Augen: Mandelförmig, groß, leuchtend, ausdrucksvoll. Augenöffnung weder rund noch orientalisch. Dunkle Lidränder, umgeben von hellerer Zone. Darüber kurzer, dunkler Strich. Dunkle Linie vom oberen Lid zum Ohr.
Körper: Rumpf mittellang, schlank, grazil, mit gut entwickelten Muskeln. Brustkorb gerundet. Rücken wie im Sprung leicht gebogen. Ausgeglichene, volle Flanken. Körperform zwischen plumpem und schlankem Typ.
Beine: In guter Proportion zum Rumpf.

Punktskala
(Amerika, Somali Cat Club)

Kopf (25)	
Schädel	5
Schnäuzchen	5
Ohren	5
Augenform	5
Augenfarbe	5
Körper (25)	
Rumpf	10
Beine, Füße	10
Schwanz	5
Fell (45)	
Farbe	10
Ticking	10
Textur	10
Länge	15
Kondition	5
	100

Füße: Fest, oval. Fünf Zehen vorn, vier hinten. Die Somali erweckt im Stehen den Eindruck von Schnelligkeit und Behendigkeit.
Schwanz: Voll, buschig, im Ansatz kräftig, sich allmählich zuspitzend. In gutem Verhältnis zum Körper.
Fell: Textur sehr weich im Griff, extrem fein, doppelt und so dicht wie möglich. Fell insgesamt mittellang, an den Schultern kürzer. Katzen mit Halskrause und lang behaarten Schenkeln, die das Fell reichlich erscheinen lassen, werden in der Bewertung bevorzugt.
Kondition: Gesamteindruck von Aktivität, Gesundheit und Lebenskraft.
Unerwünscht: Färbungsfehler: Kalter, grauer oder sandfarbener Ton; Flecken oder Sprenkelung an ungetickten Stellen. Zeichnungsfehler: Halsbänder, gestreifte Beine, Tabbyzeichnung am Körper; Fehlen der gewünschten Zeichnung an Kopf und Schwanz.
Einschränkende Bewertung: Weiße Haare oder Flecken am Unterbauch oder Weiß an anderen Stellen als an Schnurrhaarkissen, Kinn und oberhalb der Kehle. Knochenanomalien, Knickschwanz. Unkorrekte Zehenzahl. Schlecht gefärbte Fußballen oder Nasenspiegel. Undurchbrochene Halsringe.

Farbschläge der Somali

Wildfarben (Ruddy) Bild 83
Leuchtend orange-braun bzw. wildfarben, mit Schwarz getickt. Glühender Farbeindruck. Dunklere Schattierung entlang des Rückgrates gestattet. Körperunterseite, Brust und Innenseite der Beine gleichmäßig wildfarben, passend zum Deckhaar. Am Bauch ohne Ticking, Bänderung oder Streifenzeichnung. *Nasenspiegel* ziegelrot. *Fußballen* schwarz oder dunkelbraun. Schwarz zwischen den Zehen dehnt sich an Rückseite der Hinterpfoten bis zum Gelenk aus. Schwarze oder dunkelbraune Haarbüschel an Vorder- und Hinterpfoten. Weiß oder gebrochenes Weiß nur oberhalb der Kehle, an Lippen und Schnurrhaarkissen. Dunkle Rückenlinie setzt sich im Schwanz fort und endet in schwarzer Spitze. Schwanz ohne dunkle Ringe. Ebenmäßige Wildfarbe bevorzugt. Ohren mit schwarzen oder dunkelbraunen Spitzen. *Augenfarbe* tief golden oder kräftig grün.
Rot (Red)
Warmes, glühendes Rot mit schokoladenfarbenem Ticking. Dunklere Töne bevorzugt. Ohrspitzen und Schwanzende schokoladenbraun, das sich an Rückseite der Hinterpfoten bis zum Gelenk ausdehnt. *Nasenspiegel* rosenrot. *Augenfarbe* tief golden oder kräftig grün.
Ticking beider Farben beginnt an der Haut. Bei Wildfarben abwechselnd rote und schwarze, bei Rot abwechselnd rote und schokoladenbraune Bänderung. Ticking entwickelt sich bei Somali nur langsam. Dies sollte bei Beurteilung von Jungtieren berücksichtigt werden.
Kommentar zu Somali
Typmäßig entspricht die Somali der Abessinierkatze, aus der sie

hervorging. Sie ist mittelgroß bis groß, doch mit festen Muskeln und zeigt lebhaftes Interesse an ihrer Umwelt. Ihr Wesen ist ausgeglichen und umgänglich. Bisher erlangte sie bei drei amerikanischen Katzenclubs Anerkennung, obwohl sie erst vor etwa drei Jahren entdeckt wurde.

Sphynx – Kurzhaar – Schlankform Bild 84
(Canadian Hairless, Moon Cat, Nacktkatze)
Standard: Crown Cat Fanciers Association (CCFA) und Canadian Cat Association (CCA).
Kopf: Weder rund noch keilförmig. Oberhalb der Augen flacher, langer Schädel mit Vertiefung auf der Stirn über dem „Stop". Nase leicht zugespitzt. Schnäuzchen ziemlich kurz; Wangen straff; Kinn kräftig. Ein rundes oder ein „Pferdegesicht" sind Fehler.
Augen: Rund, tiefliegend, etwas schräg gestellt.
Ohren: Groß, am Grunde weit offen, dicht am Schädel nach vorn gewölbt.
Körper: Feinknochig, doch kraftvoll. Brustkorb wie bei Burma kurz und walzenförmig.
Beine: Vorderbeine lang und feingliedrig; Hinterbeine leicht erhöht, kräftig, mit betonten Schenkeln. Jungtiere erscheinen krummbeinig.
Schwanz: Lang, dünn, fest und ohne Knoten.
Körperbedeckung: Nach dem Standard Gesicht, Ohren und Beine mit flaumartigem Fell bedeckt. Schnurrhaare fehlen. Schwanzspitze weist bis zu 3 cm langes, flachliegendes Haar auf. Die bei Jungtieren viel zu weit und faltig liegende Rückenhaut zeigt dichte, samtene, doch nur im Griff spürbare Härchen. Beim Streicheln fällt die hohe Körpertemperatur auf.
Alle *Farben* sind gestattet, doch sollte, wie bei Rex, Weißscheckung symmetrisch angelegt sein. *Augenfarbe* tief golden.
Kommentar zu Sphynx
1966 wurde in Ontario, Kanada, das erste haarlose Katerchen geboren. Mutter war eine schwarz-weiße Hauskatze. Rückkreuzung zur Mutter brachte u. a. den ersten haarlosen Nachwuchs, der die Grundlage für eine systematische Zucht bildete. Allerdings erfüllte sich die Hoffnung nicht, damit eine Katze gefunden zu haben, die sich auch für diejenigen Menschen als Hausgenosse eignet, die gegen Katzenhaare allergisch sind.
Nacktkatzen können auch aus der Rexzucht (Devon) hervorgehen. Entgegen häufig geäußerter Befürchtungen soll diese Rasse kräftig und widerstandsfähig sein. Stimme und Wesen sind sanft und verhalten.

Punktskala
(Amerika, ACFA, ICF)

Kopf	15
Ohren	5
Augen (10)	
Form	5
Farbe	5
Typ	
Körper, Beine, Füße	30
Schwanz	5
Fell	5
Kondition und Gesamteindruck	10
Farbe	20
	100

Tonkinese – Kurzhaar – mittelkräftige Form
(Golden Siamese, Tonkanese)
Kopf: Mäßige Keilform, Schnäuzchen quadratisch (nicht stark zugespitzt), mit leichter Erhebung vom Nasenrücken zur Stirn.
Ohren: Mittelgroß, Form klar umrissen, nach vorn gerichtet.
Augen: Mandelförmig, leicht orientalischer Schnitt, gut auseinanderliegend, zum übrigen Kopf und zu den Ohren passend.

Typ: Körper mittelgroß, elegant und muskulös. Beine schlank. Hinterbeine etwas höher als Vorderbeine. Pfoten oval und fest.
Schwanz: Lang und zugespitzt, weder dick noch peitschenartig.
Fell: Kurz, fein, glänzend (Seidenhaar). Eng am Körper anliegend.
Kondition und Gesamteindruck: Ausgezeichnete Kondition. Muskulös, nicht dick.
Farbe: Katzen unter zwei Jahren mit gut entwickelten Abzeichen. In der Umgebung der Points Schattierung gestattet. Dunklere Körperfarbe bei älteren Katzen. Katzen über ein Jahr sollten keine Streifenzeichnung aufweisen.

Farbschläge der Tonkinese — Bild 85

Natural Mink (Nerzfarben)
Körper in tiefbrauner, warmer Nerzfarbe. Abzeichen dunkel schokoladen- bis zobelfarben. *Nasenspiegel* und *Fußballen* dunkelbraun. *Augenfarbe* aquamarin.
Honey Mink
Körper warmes, wildfarbenes Braun mit rötlichem Ton. Abzeichen kräftig schokoladenbraun, rötlich getönt. *Nasenspiegel* und *Fußballen* dunkelbraun. *Augenfarbe* aquamarin.
Champagne Mink
Körper milchkaffeefarben mit kräftig getönten, schokoladenfarbenen Abzeichen. *Nasenspiegel* und *Fußballen* braun. *Augenfarbe* aquamarin.
Blue Mink
Körper leicht blaugrau. Abzeichen mittelblau oder schieferfarben. Nasenspiegel und Fußballen blaugrau. Augenfarbe aquamarin.
Kommentar zu Tonkinese
Diese Züchtung aus Burmesen und Siamesen ist stets mischerbig (s. S. 30). In Amerika empfiehlt man als ihre Partner Siamesen und erhält damit einen sehr schlanken Typ. Bei uns sind Tonkanesen schwerer, gedrungener. Es ist daher günstiger, Burmesen als ihre Partner zu wählen. Der Nachwuchs besteht dabei aus Burmesen und Tonkanesen.
Ihre Siam-Abkunft ist unverkennbar, denn sie besitzen das gleiche lebhafte, doch anschmiegsame Temperament.

Türkische Katze – Halblanghaar – mittelkräftige Form — Bild 86

(Van Katze), Nr. 13 d
Kopf: Kurzes Dreieck. Stark behaarte, eng gesetzte und gerade aufgerichtete große Ohren. Lange Nase.
Augen: Rund.
Körper: Lang, doch gedrungen. Beine mittellang; zierliche, runde Füße mit Haarbüscheln an den Zehen. Kater an den Schultern besonders muskulös.
Schwanz: Buschig, mittellang, kastanienrot mit blassen, kastanienroten Ringen. Farbe der Ringe bei Jungtieren kräftiger.
Farbe und Fell: Kalkweiß, ohne jede Spur von Gelb. Im Gesicht kastanienrote Flecken mit weißer Blesse. Ohren weiß. *Nasenspiegel, Fußballen* und Innenohr zart muschelrosa. *Augen* hell bern-

Punktskala
(FIFE, GCCF)

Kopf	25
Augen	10
Körper	10
Schwanz	10
Farbe, Fell	35
Kondition	10
	100

steinfarben, Augenlider rosa umrandet. Fell insgesamt lang, weich und seidig. Kein wolliges Unterfell.
Kommentar zur Türkischen Katze
Die ersten Van Katzen gelangten 1955 aus der Osttürkei nach England, wo sie 1969 ihre Anerkennung erlangten. Diese selten gezüchtete Rasse wurde durch ihre ungewöhnliche Vorliebe für Wasser als „schwimmende Katze" berühmt.

Turkish Angora – Langhaar – mittelkräftige Form Bild 87
(Türkische Angora, Ankara-Katze, Angora)
Kopf: Groß, schmal bis mittelbreit; breiter Keil, bis zum Kinn spitz zulaufend.
Kinn: Sanft gerundet.
Nase: Mittellang, sacht abgeschrägt, kein Stop.
Ohren: Am Grunde weit offen, lang, zugespitzt und mit Haarbüscheln versehen.
Augen: Groß, orientalisch bis rund, leicht schräg gestellt.
Hals: Schlank und elegant, mittellang.
Körper: Kätzinnen schmal bis mittelgroß. Kater ein wenig größer. Gestalt lang, graziös, geschmeidig. Leicht gebauter Brustkorb. Hinterpartie ein wenig erhöht. Zarter Knochenbau.
Beine: Lang. Hinterbeine höher als Vorderbeine.
Pfoten: Klein, rund, zart. Haarbüschel zwischen den Zehen.
Schwanz: Lang, spitz, an der Basis breit, am Ende schmal. Buschig. Schwanz wird niedrig getragen, jedoch nicht am Boden nachgeschleift. Während der Bewegung wird der Schwanz horizontal über dem Körper gehalten und berührt zuweilen den Kopf.
Fell: Am Körper mittellang. Halskrause lang. Reiches, seidiges Haar am Schwanz. Neigung zu Lockenbildung, auch am Bauch. Haar sehr fein mit seidigem Schimmer.
Proportionen: In jeder Hinsicht ausgewogene, elegante, geschmeidige Erscheinung.
Farbe: Reines Weiß. *Fußballen, Nasenspiegel* und Lippen rosa.
Augenfarbe: Odd-eyed (verschiedenfarbig), blau oder bernsteinfarben.
Kondition: Kräftig, stabil; erweckt den Eindruck anmutig fließender Bewegung.
Einschränkende Bewertung: Abnormer oder Knotenschwanz. Nasenspiegel und Fußballen gefleckt.
Unerwünscht: Persertyp.
Kommentar zu Angora
Die Türkische Angora verkörpert den Typ, aus dem die Perserkatze hervorging. Sie wird heute im Zoo von Ankara rein gezüchtet. In Amerika sind auch andere Farben als Weiß erlaubt. Den Namen Ankara-Katze führt jedoch nur die weiße Form. Temperament und Stimme entsprechen denen der Perser

Punktskala
(Amerika, CFA)

Kopf	30
Körper	30
Farbe	15
Fell	15
Kondition	10
	100

Rasse- und Farbnummern

Nummern ohne Anmerkung gelten bei FIFE (F) und GCCF (G)

Langhaar

1	Perser Schwarz
2	Perser Weiß, blauäugig
2 a	Perser Weiß, orangeäugig
2 b	Perser Weiß, odd-eyed
3	Perser Blau
4	Perser Rot
5	Perser Creme
6	Perser Black Smoke
6 a	Perser Blue Smoke
6 d/sh (F)	Perser Cameo Shell
6 d/sd (F)	Perser Cameo Shaded
7	Perser Silbergestromt
8	Perser Braungestromt
8 a (F)	Perser Blaugestromt
9	Perser Rotgestromt
10	Perser Chinchilla
11	Perser Schildpatt
11 a	Perser Blauschildpatt
12	Perser Schildpatt und Weiß
12 a	Perser Bicolor, alle Farben
12 b	Perser Blauschildpatt und Weiß
13	Perser Blaucreme
13 a	andere, noch nicht anerkannte Langhaarvarietäten
13 b	Perser Colourpoint, alle Farben
13 c	Birma, Sealpoint und Bluepoint
13 d	Türkische (Van) Katze

Kurzhaar

14	Europäisch Kurzhaar Weiß, blauäugig
14 a	Europäisch Kurzhaar Weiß, orangeäugig
14 b	Europäisch Kurzhaar Weiß, odd-eyed
15	Europäisch Kurzhaar Schwarz
16	Europäisch Kurzhaar Blau (Kartäuser, British Blue)
16 a	Russisch Blau
17	Europäisch Kurzhaar Creme
18	Europäisch Kurzhaar Silbergetigert und -gestromt
19	Europäisch Kurzhaar Rotgetigert und -gestromt
20	Europäisch Kurzhaar Braungetigert und -gestromt
21	Europäisch Kurzhaar Schildpatt
22	Europäisch Kurzhaar Schildpatt und Weiß
23	Abessinier Wildfarben (Normal)
23 a	Abessinier Rot
24	Siam Sealpoint
24 a	Siam Bluepoint
24 b	Siam Chocolatepoint
24 c	Siam Lilacpoint
25	Manx Rumpy
25 a	Manx Stumpy
26	andere, noch nicht anerkannte Kurzhaarvarietäten
27	Burma Braun
27 a	Burma Blau
27 b	Burma Chocolate
27 c	Burma Lilac
27 d	Burma Red
27 e	Burma Tortie
27 f	Burma Cream
27 g	Burma Bluecream (Blue Tortie)
27 h	Burma Chocolate Tortie
27 j	Burma Lilac Tortie
28	Europäisch Kurzhaar Blaucreme
29 sb (F)	Orientalisch Kurzhaar Schwarz, Ebony
29 a (F)	Orientalisch Kurzhaar Blau
29	Orientalisch Kurzhaar Braun, Havana
29 c	Orientalisch Kurzhaar Lila, Lavender

29 ff (F)	Orientalisch Kurzhaar, weitere anerkannte Farben	32 x	Siam, weitere Abzeichenfarben
30	Europäisch Kurzhaar getupft, alle Farben	33	Rex, Gen I (German, Cornish)
31	Europäisch Kurzhaar Bicolor	33 a	Rex, Gen II (Devon)
		34 (G)	Korat
32	Siam Tabbypoint, alle Farben	35	Orientalisch Kurzhaar Weiß, Foreign White
32 a	Siam Redpoint	36	Europäisch Kurzhaar Smoke
32 b	Siam Tortiepoint		
32 c	Siam Creampoint		

Farbtafeln

Bild 1 (rechts oben): Der Karakel, ein Wüstenbewohner Afrikas und Vorderasiens, hat überlange Haarpinsel an den Spitzen der Ohren, die auf dem Foto besonders deutlich zu sehen sind. (Foto: Brandt)

Bild 2 (rechts unten): Hochbeinig und luchsähnlich ist der Serval, der in Afrika heimisch ist. (Foto: von Walther)

Bild 3 (oben): Asiatische Goldkatze. (Foto: Brandt)
Bild 4 (links): Rohrkatze, früher auch Sumpfluchs genannt, mit Ohrpinseln und kurzem Schwanz. (Foto: Zimmermann)
Bild 5 (rechts oben): Der Manul fällt durch sein sehr langes Haar auf, das ihm in den hochgelegenen Wüsten Mittelasiens Schutz bietet. (Foto: Keppler)
Bild 6 (rechts unten): Der Nordluchs – hier mit Jungtier – war früher auch in West- und Mitteleuropa häufig. (Foto: Brandt).

Bild 7 (links): Europäische Waldwildkatze. (Foto: Zimmermann)
Bild 8 (oben): Junger Puma mit dunkel geflecktem Kleid. (Foto: Keppler)
Bild 9 (unten): Puma im einfarbigen Erwachsenenkleid. (Foto: Keppler)

Bild 10 (links): Ägyptische Katzenstatuette zu Ehren der Göttin Bastet.
Bild 11 (oben): Langhaarkatzen, Mao Yi, 12. Jh. (Rijksmuseum, Leiden)
Bild 12 (unten): Ku-on, 1516 – 1575 (Rijksmuseum; alle Fotos: Leeman)

Bild 13 (oben): Lang-Shi-ning, 1688 – 1768 (Rijksmuseum, Leiden).
Bild 14 (unten): Shinsai, Anf. 19. Jh. (Rijksmuseum, Leiden).
Bild 15 (rechts): Kuniyoshi (Rijksmuseum; alle Fotos: Leeman).

Bild 16 (oben): Kartäuserkatze aus der Naturgeschichte von Buffon, Brüssel 1833. (Foto: Leeman)

Bild 17 (unten): Angorakatze aus der Naturgeschichte von Buffon, Brüssel 1833. (Foto: Leeman)

Bild 18 (oben): Junge, normalfarbene (wildfarbene) Abessinierkatze. (Foto: Reinhard)

Bild 19 (unten): Rote Abessinier, bei denen die Farbbänderung der Haare deutlich wird. (Foto: Reinhard)

Bild 20 (oben): American Shorthair Silver Tabby mit schöner Zeichnung des Fells. (Foto: Schultz-Roth)

Bild 21 (unten): American Wirehair, eine noch seltene Rasse mit drahtigem Haar. (Foto: Creszentia-Foto)

Bild 22 (oben): Unsere Hauskatze (s. American Shorthair) ist nicht als Rasse anerkannt. (Foto: Röthig)

Bild 23 (unten): Balinesen werden in Siamfarben gezüchtet; hier eine Chocolatepoint. (Foto: Bonds)

Bild 24 (oben): Birma Sealpoint mit den auffallenden weißen Pfötchen. (Foto: Reuter)

Bild 25 (unten): Die Bombay ist eine junge amerikanische Züchtung mit seidig-kurzem Haar. (Foto: Ullrich)

Bild 26 (links oben): Die Burma, hier in Braun, kommt aus Amerika.
Bild 27 (rechts oben): Junge Burma Blau. (Beide Fotos: Röthig)
Bild 28 (unten): Cremefarbene (Cream) Burma. (Foto: Reinhard)

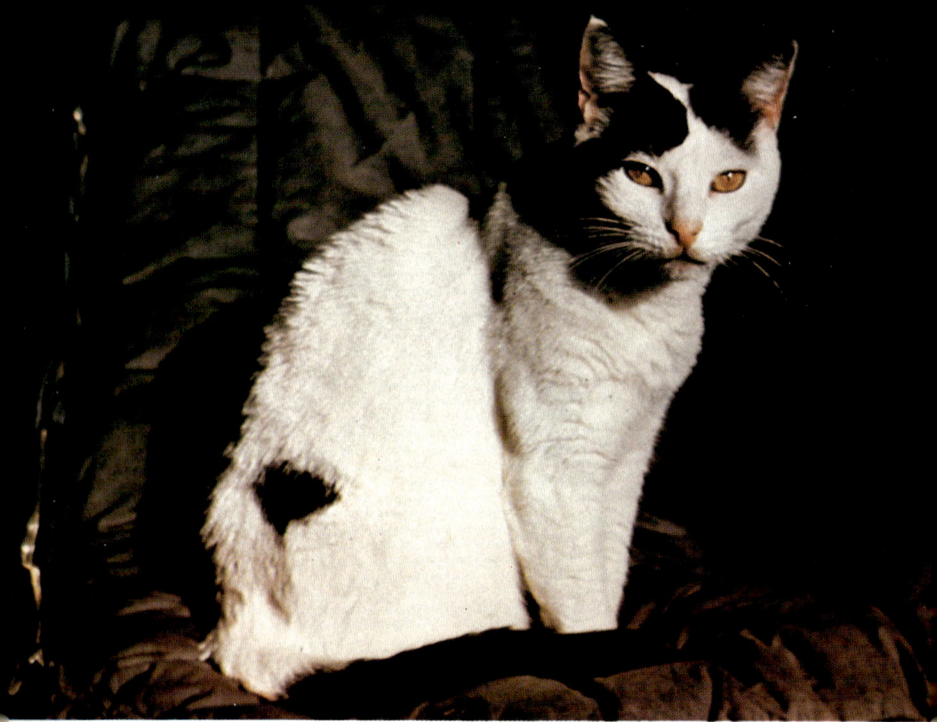

Bild 29 (links oben): Die Chinese Harlequin wird nicht nur in dieser Färbung gezüchtet. (Foto: Lamoreux)
Bild 30 (links unten): Die Cymric entstand aus der Manx als halblanghaarige Form. (Foto: Brown)
Bild 31 (rechts): Die Egyptian Mau Silver ist eine amerikanische Züchtung, die bei uns recht selten ist. (Foto: Crescentia-Fotos)
Bild 32 (unten): Europäisch Kurzhaar Weiß mit orangefarbenen Augen. (Foto: Thies)

Bild 33 (links außen): Die Europäisch Kurzhaar Blau ist bekannter unter dem Namen Kartäuser-Katze. (Foto: Reinhard)
Bild 34 (links innen): Europäisch Kurzhaar Creme. (Foto: Heinemann)
Bild 35 (links unten): Europäisch Kurzhaar Bicolor in Blau-Weiß. (Foto: Röthig)
Bild 36 (rechts oben): Europäisch Kurzhaar Silver Shaded. (Foto: Reinhard)
Bild 37 (rechts unten): Europäisch Kurzhaar Cameo Shell. (Foto: Animal Graphics)

Bild 38 (oben): Europäisch Kurzhaar Silber Tabby mit besonders schöner Zeichnung. (Foto: Reinhard)

Bild 39 (unten): Die Zeichnung der Europäisch Kurzhaar Braun Tabby ist tiefschwarz. (Foto: Thies)

Bild 40 (oben): Japanese Bobtail Mi-ke. (Foto: Pflueger)
Bild 41 (links unten): Die Korat aus Thailand. (Foto: Animal Graphics)
Bild 42 (rechts unten): Rotgetigerte Manx-Katze. (Foto: Pflueger)

Bild 43 (links oben): Die Maine Coon ist eine alte Rasse aus Amerika. (Foto: Röthig)
Bild 44 (links außen): Norsk Skaukatt, eine eigenwillige Langhaarkatze. (Foto: Röthig)
Bild 45 (links innen): Orientalisch Kurzhaar Weiß, auch als Foreign White bekannt. (Foto: Röthig)
Bild 46 (rechts oben): Orientalisch Kurzhaar Schwarz oder Ebony. (Foto: Reinhard)
Bild 47 (rechts unten): Orientalisch Kurzhaar Blau. (Foto: Thies)

Bild 48 (links oben): Orientalisch Kurzhaar Braun, meist als „Havana“ bezeichnet. (Foto: Reuter)
Bild 49 (links unten): Orientalisch Kurzhaar Lila oder Lavender. (Foto: Popp)
Bild 50 (rechts innen): Junge Orientalisch Kurzhaar in Rot. (Foto: Popp)
Bild 51 (rechts außen): Orientalisch Kurzhaar Black Tortie (Schwarz-Schildpatt). (Foto: Popp)
Bild 52 (rechts unten): Orientalisch Kurzhaar Spotted Red Tabby. (Foto: Reinhard)

Bild 53 (links oben): Perser Weiß mit orange Augen. (Foto: Röthig)
Bild 54 (links unten): Tiefschwarz soll das Fell der Perser Schwarz erscheinen. (Foto: Röthig)
Bild 55 (rechts oben): Die Perser Blau soll orange- oder kupferfarbene Augen haben. (Foto: Animal Graphics)
Bild 56 (rechts unten): Das Fell der Perser Lila (Self Lilac) erscheint fast taubengrau ohne irgendeine Schattierung oder Geisterzeichnung. (Foto: Animal Graphics)

Bild 57 (links oben): Die Perser Rot (Self Red) ist sehr kräftig gefärbt; die Augen sollen kupferfarben sein. (Foto: Röthig)
Bild 58 (links unten): Ohne Schatten und Zeichnung ist das Fell der Perser Creme. (Foto: Röthig)
Bild 59 (rechts oben): Perser Blauschildpatt sind stets nur weiblich. (Foto: Reinhard)
Bild 60 (rechts unten): Perser Bicolor (Zweifarbig) Schwarz-Weiß mit orange- oder kupferfarbenen Augen. (Foto: Reinhard)

Bild 61 (links außen): Perser Schildpatt Smoke. (Foto: Reinhard)
Bild 62 (links innen): Die Perser Chinchilla hat ein silberweißes Unterfell; das Deckhaar hat schwarze Spitzen. (Foto: Reinhard)
Bild 63 (links unten): Perser Silver Shaded. (Foto: Reinhard)
Bild 64 (rechts): Die Perser Golden Shaded wird nur in Amerika gezüchtet. (Foto: Scoyk)
Bild 65 (rechts unten): Perser Cameo Shaded. (Foto: Reinhard).

Bild 66 (links): Perser Brown Tabby (Braungestromt). (Foto: Reinhard)
Bild 67 (links unten): Die beiden Perser im Körbchen sind Blue Tabby (Blaugestromt). (Foto: Reinhard)
Bild 68 (rechts oben): Perser Peke-Face Red Tabby, der „extremste“ Persertyp. (Foto: Smith)
Bild 69 (rechts innen): Perser Colourpoint Bluepoint (auch Khmer-Katze genannt). (Foto: Reinhard)
Bild 70 (rechts außen): Perser Colourpoint Tortiepoint. (Foto: Reinhard)

Bild 71 (oben): Die Ragdoll ist eine amerikanische Züchtung aus Colourpoint und Bicolor. (Foto: Baker)

Bild 72 (unten): Bei allen Rex-Katzen fällt das gelockte Fell auf; hier eine Cornish Rex. (Foto: Pflueger)

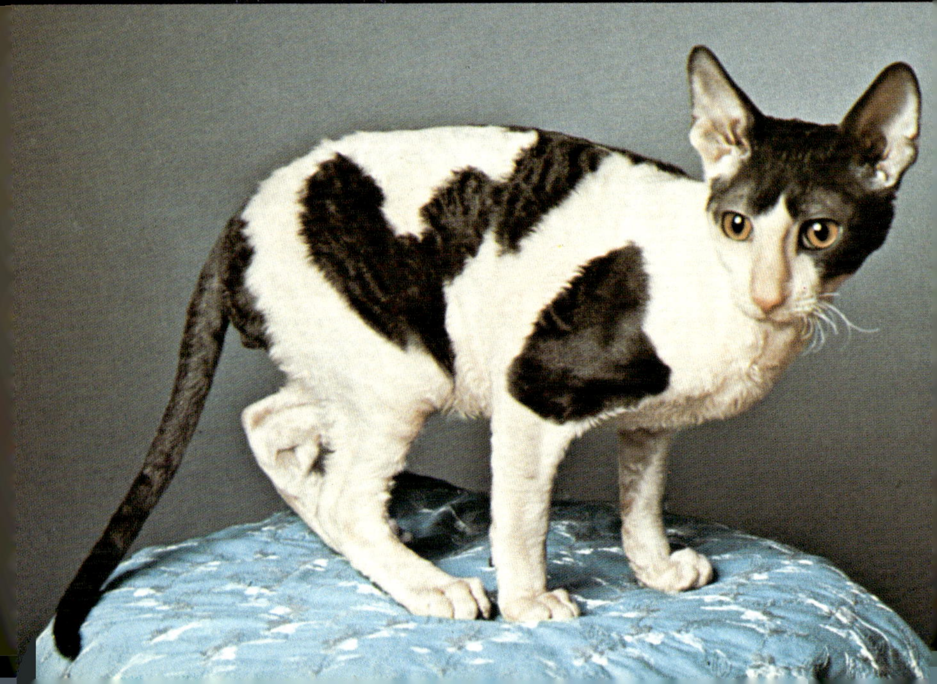

Bild 73 (oben): Die German Rex ist die bei uns entstandene Variante (Gen I).
Bild 74 (links unten): Devon Si-Rex, Vertreterin des Gen II.
Bild 75 (rechts unten): Russisch Blau. (Alle Fotos: Reinhard)

Bild 76 (links oben): Scottish Fold, die Hängeohrkatze. (Foto: Lamoreux)

Bild 77 (links außen): Siamkatzen werden heute schlank gezüchtet. Der lange, dünne Peitschenschwanz ist ein weiteres bedeutendes Merkmal. Hier eine Siam Sealpoint. (Foto: Reinhard)

Bild 78 (links innen): Siam Bluepoint.

Bild 79 (rechts oben): Siam Chocolatepoint. (Beide Fotos: Reinhard)

Bild 80 (rechts innen): Siam Lilacpoint.

Bild 81 (rechts außen): Siam Tabbypoint. (Beide Fotos: Röthig)

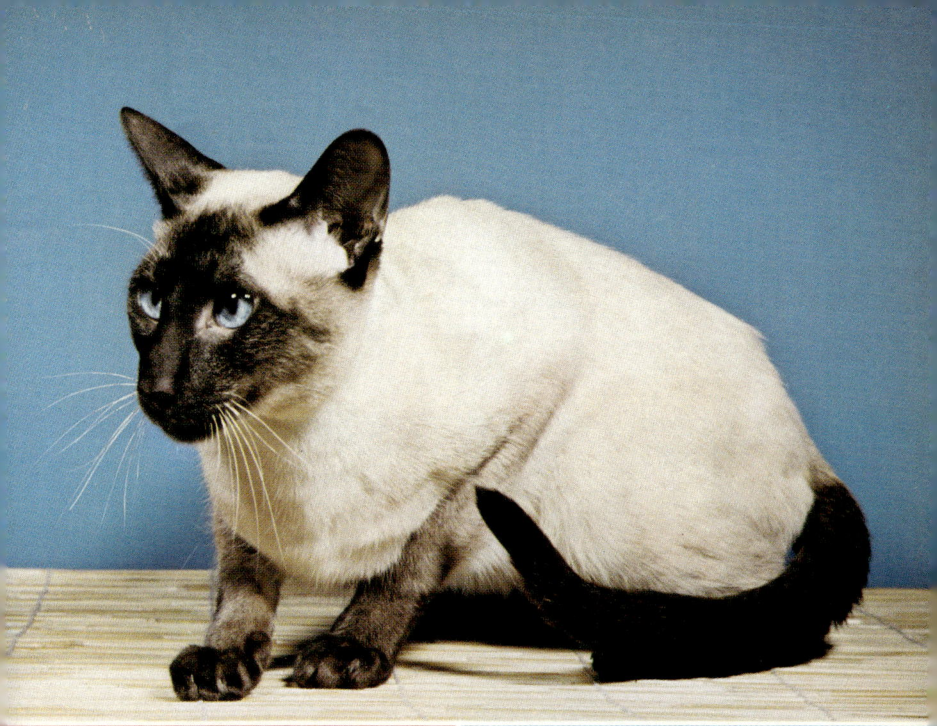

Bild 82 (links oben): Diese 4 Siamesen sind Redpoint. (Foto: Lamoreux)
Bild 83 (links unten): Die Somali, eine amerikanische Züchtung, hier in der wildfarbenen Variante. (Foto: Creszentia-Fotos)
Bild 84 (rechts oben): Die Sphynx ist nahezu haarlos, nur leichter Flaum bedeckt ihren Körper. (Foto: Reinhard)
Bild 85 (rechts unten): Die Tonkinese entstand aus Burmesen und Siamesen; hier eine Tonkinese Natural Mink. (Foto: Creszentia-Fotos)

Bild 86 (oben): Die Türkische Katze ist als schwimmende Katze bekannt. (Foto: Animal Graphics)

Bild 87 (unten): Turkish Angora oder Ankara-Katze ist stets nur weiß. (Foto: Creszentia-Fotos)

Kätzisches in Kürze – ein kleines Lexikon

Abzeichen: Bezeichnung für Points (s. d.).
Agouti (engl. Ticking): Wildfärbung. „Bänderung", d. h. Aufteilung jedes einzelnen Haares in helle und dunkle Farbzonen. Benannt nach Dasyprocta aguti, einem brasilianischen Nagetier mit ebensolcher „hasenähnlicher" Haarfärbung. Reinste, fast zeichnungsfreie Form bei Abessinierkatzen.
Ahnentafel (Abstammungsnachweis, Stammbaum, Stammtafel): Zur Rassekatze gehörender, von Zuchtbuchämtern der Zuchtverbände erstellter Auszug aus dem Zuchtbuch mit vier oder fünf Ahnengenerationen. Enthält Angaben über Zuchtnamen (Zwingernamen), Eigennamen, Datum der Geburt, Rasse usw. Zuchtausweis im Sinne einer amtlichen Geburtsurkunde.
Akromelanismus (gr. = Spitzenschwärzung, Spitzenfärbung; engl. colourpoint): Kälteschwärzbarkeit von Haar und Haut an den kühlsten, wenig durchbluteten Körperteilen (s. Points) bei Teil-Albinos aller Rassen, Burmesen und Smoke (s. d.).
Albinismus (lat. albus = weiß): Bewirkt völliges Fehlen von Farbstoffen (Pigmenten) in den Körperzellen. Daher rote Augen, rosa Haut, weißes Haar. Bei Katzen selten (s. Teil-Albino).
Allele (gr. = sich entsprechend; vgl. parallel), allele Gene: Erbanlagen in sich entsprechenden (homologen) Chromosomen (s. d.).
Analduft: Wird durch Sekret zweier Analbeutel erzeugt, die seitlich innen in den After münden. Besonders intensiv bei Jungtieren und während der Brunst (s. d.).
Art (lat. spezies): Gruppe von Lebewesen, die sich in bestimmter Hinsicht ähneln und untereinander fruchtbar vermehren.
Arzneimittel: S. Medikamente.
Atemzug: Bei gesunden erwachsenen Katzen in Ruhe etwa 22 – 25 pro Minute (s. a. Fieber, Puls).
Aufzuchttemperatur (Nestwärme): Entspricht etwa der mütterlichen Körpertemperatur. Für verwaiste Jungtiere lebensnotwendig!
Augen: Neben Gehör Hauptsinnesorgan der Katzen. Bei Lichteinfall je nach Gattung Verengung der Pupillen rund, oval oder schlitzförmig. Katzen werden blind geboren.
Ausstellung: Veranstaltet von Zuchtverbänden. Dient dem Vergleich von Rassekatzen mit ihrem Standard durch internationale Zuchtrichter (s. Qualifikation), ist Schönheitswettbewerb (s. CAC) und wirbt in der Öffentlichkeit für Katzenhaltung.
Bänderung: S. Agouti.
Bezoare: Haarballen, Gewölle. Finden sich nach Fellpflege im Katzenmagen. Normalerweise Erbrechen nach Verzehr von rauhkantigem Gras, Hafer oder (ungespritztem!) Zypergras (Cyperus). Bei Schwierigkeiten (Appetitlosigkeit, Verstopfung) Tierarzt!
Blesse: Zeichnung weißgescheckter oder bunter Katzen auf dem Nasenrücken.
Brindling (engl.): Weiße Sprenkelung dunkel gefärbten Felles durch Krankheit, Vitaminmangel, hormonelle Störungen. Tierarzt!
Brunst (Ranz, Östrus, Rolligkeit s. d.): Periode des Zueinanderstrebens von Kater und Kätzin zum Zwecke der Fortpflanzung. Bei Rassekatzen meist unabhängig von der Jahreszeit.
Brutpflegetrieb: Erwacht besonders beim Schreien von Jungkatzen und ist latent bei fast allen Katzen vorhanden. Stärkste Entwicklung am Ende der Trächtigkeit (s. d.) und während der Stillperiode.
CAC = Certificate d'aptitude au Championnat: Mögliche Anwartschaft auf den nationalen Siegertitel bei „Vorzüglich 1" auf einer Ausstellung, falls die Katze über 10 Monate alt ist (Offene Klasse). Mit drei CAC erwirbt sie den Titel „Champion".

CACIB = Certificate d'aptitude au Championnat Internationale de Beauté: Anwartschaft auf den internationalen Siegertitel. Erringt ein Champion auf drei internationalen Ausstellungen jeweils ein CACIB, wird er Internationaler Champion.
CAGCI: Anwartschaft auf das Große Internationale Championat. Muß von einem Internationalen Champion ebenfalls dreimal erworben werden.
CAP: Anwartschaft auf den nationalen Siegertitel für Kastraten. Nach dreimaligem Erwerb wird der Kastrat Premior.
Cat Fancy (engl.): Katzenhaltung und -zucht als Liebhaberei. Weltweite Verbreitung seit Ende des 19. Jh.
Cat in Cabin (engl.): Spezialausdruck für Flugreise der im Transportkäfig verwahrten Katze im Passagierraum. Bedarf vorheriger Genehmigung der Fluggesellschaft.
Catsitter (engl.): Vertrauenswürdige Pflegeperson zur Betreuung alleingelassener Katzen in Abwesenheit des Wohnungsinhabers bei Urlaub usw.
CFA = Cat Fanciers Association: Größte Dachorganisation amerikanischer Katzenzuchtverbände.
Chromosomen: Kernschleifen. Bestandteile des Zellkerns. Träger der Gene (s. d.).
Deckhaar: Besteht aus harmonisch verteilten, langen, straffen Leit- und kürzeren, geschmeidigen Grannenhaaren.
Diätwechsel: Darf nur langsam erfolgen. Sonst Ernährungsstörungen (s. d.). Neue Nahrungsbestandteile daher in allmählich größer werdenden Portionen den allmählich geringer werdenden gewohnten Speisen zusetzen.
Disqualifikation: Ausschluß von der Bewertung auf einer Ausstellung. Gründe: Kryptorchismus (s. d.), amputierte Krallen, vermeintliche Bösartigkeit ängstlicher Katzen im Ausstellungsstreß oder andere, im Standard (s. d.) benannte Fehler.
Domestikation: Haustierwerdung: Verhaltensänderung von Wildtieren bei Eingewöhnung im menschlichen Lebensbereich. Über Generationen sich hinziehender Entwicklungsprozeß.
Dominant (lat. = vorherrschend): Dominante Gene (s. d.) schalten bei Mischerbigkeit die Wirkung der zu ihnen gehörenden Allele (s. d.) aus.
Duftmarken: Urinspritzer zur Markierung des eigenen Territoriums (Reviers). Neben Analduft (s. d.) Lockmittel und Stimulans im Geschlechtsleben der Katzen.
Einschläferung: Auch aus stichhaltigem Anlaß (z. B. schwerste Verletzungen, unheilbare Krankheit) nur durch Tierarzt gestattet. Gegen unerwünschten Nachwuchs hingegen hilft allein Kastration (s. d.) von Kater und Kätzin!
Ektoparasiten: Auf dem Körper lebendes Ungeziefer (Flöhe, Zecken, Milben, Haarlinge usw.). Meist artspezifisches Verhalten, d. h. Katze ist als Wirt unerläßlich.
Endoparasiten: Im Körper schmarotzendes Ungeziefer (Würmer aller Art). Meist ebenfalls artspezifisch.
Entwurmung: Unbedingt erforderlich vor Schutzimpfung gegen Panleukopenie (s. d.). Tierärztliche Anleitung!
Erbbild: S. Genotypus.
Ernährungsstörungen: Folge zu kalter oder verdorbener Nahrung, unsachgemäßen Diätwechsels (s. d.) usw. Symptome: Erbrechen, Durchfall, Appetitlosigkeit, Verstopfung. Ursache ergründen. Tierarzt!
Ersatzkind: Mitkatze, die bei einsetzendem Brutpflegetrieb (s. d.) von der werdenden Mutter betreut wird.
Fading kittens syndrome (engl.): Scheinbar unbegründetes Dahinsiechen Neugeborener während der ersten Lebenstage. Todesursache durch nächstgelegenes veterinärmedizinisches Untersuchungslabor klären lassen!
Feliden (lat. felidae): Angehörige der Familie der „Echten Katzen". Systematische Unterteilung meist in Pantherinae (Großkatzen), Lyncinae (Luchse), Felinae (Kleinkat-

zen) und Acinonychinae (Geparde); zuweilen auch nur in Felinae und Acinonychinae.

Fellwechsel: Besonders auffallend bei Katzen mit reichlicher oder langer Unterwolle; diese wechselt im Frühjahr, das Deckhaar im Herbst. Regelmäßige Pflege!

Fertigfutter: Industriell hergestelltes Trockenfutter (s. d.) oder Dosennahrung speziell für Katzen. Da Konservierung und längere Lagerung jede Nahrung entwerten, sollten dreimal wöchentlich 5 Tropfen eines Multivitaminpräparates verabreicht werden.

Fieber: Messung im After mittels eingefettetem Thermometer (Kleintier- oder Kinderthermometer) ergibt Temperatur von über 39° C (normal 38 – 38,5° C). Katze wird dazu entweder von zwei Personen an Schultern und Schwanz gehalten oder fest in Dekke gewickelt, wobei Kopf und Schwanz freibleiben. Tierarzt!

FIFE=Fédération Internationale Féline: Als Dachorganisation europäischer Katzenzuchtverbände 1949 in Frankreich gegründet. Erkennt Rassestandards anderer Organisationen nicht immer an.

Flehmen: Öffnen der Kiefer und Entblößen der Zähne bei konzentriertem Gesichtsausdruck zu intensiverer Wahrnehmung erregender Düfte mit Hilfe eines speziellen Riechorgans im Nasenhintergrund bei verschiedenen Tierarten.

Fluchtdistanz: Instinktmäßig festliegender kritischer Abstand. Unterschreitung löst bei Katzen Flucht, Abwehr oder Angriff aus.

Forellentüpfelung: Feinstes Tupfenmuster des Haarkleides (s. Tabby).

Freiheitsdrang: Besonders stark nach Einsetzen der Geschlechtsreife. Läßt sich durch Kastration (s. d.) vermindern.

GCCF=Governing Council of the Cat Fancy: Dachorganisation der britischen Katzenzuchtverbände.

Geisterzeichnung (engl. ghost markings): Zartes Tabbymuster (s. d.) trotz fehlender Anlagen für Agouti (s. d.). Bei Jungtieren oder roten Katzen besonders deutlich sichtbar.

Gene: Erbanlagen, Erbfaktoren. Verursachen die Ausbildung vererbbarer Merkmale. Befinden sich als Allele (s. d.) in den entsprechenden Chromosomen (s. d.).

Genetik: Allgemeine Vererbungslehre, Züchtungsbiologie, Erbbiologie. An Pflanzen im Jahre 1865 durch den Augustinermönch Gregor Johann Mendel (1822 – 1884) entdeckte Gesetzmäßigkeit der Übertragung von Eigenschaften von den Eltern (Parental-Generation) auf die Nachkommen (Filial-Generation). S. Zucht.

Genotypus: Gesamtheit aller in den Chromosomen befindlichen Gene (s. d.) eines Lebewesens.

Geschlechtsreife: Einsetzen bei Hauskatzen mit ca. 9 Monaten. Kätzinnen werden rollig, Kater markieren ihr Revier mit Urin. Beide zeigen Unruhe und „singen". Erst dann Zeitpunkt der Kastration (s. d.).

Gifte: Wirkung über Atemwege, Haut (Kontaktgifte), Schleimhäute, Verdauungswege. Gefährlich: Medikamente (s. d.), Düngemittel, Farben, Hausputz- und Waschmittel, Mottenpulver, Möbelpolitur, Pflanzengifte (s. Grünpflanzen), Pflanzenschutzpräparate, Ungeziefervertilgungsmittel, Phenole, Sprays aller Art, Teerpräparate (auch Seife) usw. Bei Vergiftungserscheinungen (z. B. Speicheln, Erbrechen, Durchfall, Gleichgewichtsstörungen) sofort Tierarzt!

Grünpflanzen: Inhaltsstoffe oft giftig (Alkaloide, ätherische Öle). Vorsicht vor: Aronstabgewächsen (Anthurium, Scindapsus oder Efeutute, Philodendron), jeglichem Blumenwasser, Elefantenohr, Geranien, Goldregen, Maiglöckchen, Fingerhut, Nachtschattengewächsen, Nadelhölzern, Orchideen, Wicken, Wolfsmilcharten (Christusdorn, Weihnachtsstern), Zwiebelgewächsen (Tulpen, Narzissen usw.) und – ihrer Stacheln wegen – Kakteen.

Hängeohr (engl. folded ear): Verkümmerung der Ohrmuscheln (Scottish Fold). Dominant vererbbare Mutation (s. d.). Gehörkapsel unverändert. Echte Hängeohren z. B. beim Widderkaninchen.

Homozygot (gr. = reinerbig): Gegenteil von mischerbig, spalterbig (heterozygot), s. Dominant.
Hybrid: Bastard, Mischling. Nachkomme von Eltern mit verschiedenartigem Erbgut (s. Kreuzung).
ICFCE = Independant Cat Fanciers (Association) of the Continent of Europe. Unabhängige, d. h. nicht mit der FIFE (s. d.) zusammenwirkende Zuchtverbände Europas. Erkennen Rassestandards anderer Verbände in der Regel an.
Immunstoffe: Bewahren nach überstandenen Infektionen oder Schutzimpfungen (s. d.) vor erneuter Ansteckung. Werden mit der Kolostralmilch (s. d.) von den Jungkatzen aufgenommen, die dadurch Infektionsschutz bis etwa zur 8. Lebenswoche haben.
Impfpaß: Ausstellung nach Schutzimpfung durch den Tierarzt. Gehört neben Ahnentafel (s. d.) zu den Papieren einer Rassekatze.
Imponierhaltung: Hoher Zehengang, „Katzenbuckel", gesträubtes Fell, angelegte bzw. nach hinten gedrehte Ohren. Wird schon im Alter von 4 – 5 Wochen von Jungkatzen geübt.
Intermediär (lat. = dazwischenliegend): Zwischenelterlich. Ein intermediäres Erscheinungsbild ergibt sich aus der Mischerbigkeit für bestimmte Erbanlagen (s. S. 35).
Inzestzucht: Paarung von Geschwistern oder von Elternteilen und Kindern zur Prüfung des Erbbildes oder Erzielung besonderer Zuchtergebnisse. Geschwisterpaarung oft riskant.
Inzucht: Paarung stammverwandter Katzen zur Vereinheitlichung der Erbanlagen. Beste Methode, um homozygote (s. d.) Zuchtstämme zu erzielen (s. a. Inzest- und Linienzucht)
Kastration: Unfruchtbarmachung durch operative Entfernung der Keimdrüsen (Eierstöcke bzw. Hoden). Eingriff wird unter Narkose schmerzlos durchgeführt. Frühester Zeitpunkt nach Einsetzen der Geschlechtsreife (s. d.).
Katzengeschirr: Besteht aus Halsband, damit verbundenem Brustriemen und Leine. Für erwachsene Katzen auf Reisen mehr zu empfehlen als einfaches Halsband mit Leine. Kapsel mit Namen des Halters und Telefonnummer am Halsband befestigen!
Katzenpension: Private Pflegestelle für gesunde, kastrierte, geimpfte Katzen bei Urlaub usw. Rechtzeitige Anmeldung! Pension sollte möglichst keine Hunde beherbergen und neben peinlichster Sauberkeit individuelle Betreuung gewährleisten. Täglicher Pflegesatz heute etwa 5 – 10 DM.
Kitten (engl.): Jungtier, Kätzchen.
Knickschwanz (engl. kink): Fehlbildung der Schwanzwirbel. Rezessiv vererbbar. Leichte Form: Nicht sichtbarer Knoten am Schwanzende.
Körpertemperatur: Normal bei 38 – 38,5° C (Messung im After, s. Fieber).
Kolostralmilch: Besonders eiweißreiche mütterliche Vormilch während der ersten zwei Tage nach der Entbindung. Enthält wichtige Immunstoffe (s. d.).
Kondition: Körperliche Verfassung bzw. Fütterungs- und Pflegezustand zu einem bestimmten Zeitpunkt.
Krallen: Sichelförmige, in der Regel zur Schonung einziehbare Waffen der Katzen. Je vier Krallen an den Hinter-, fünf an den Vorderpfoten. Abstreifen der äußeren, verbrauchten Hornschicht („Krallenhüllen") am Kratzbaum (s. d.), fördert neue, spitze Krallen zutage. Verschneiden nur in Ausnahmefällen (Tierarzt). Amputation als tierquälerische Grausamkeit lt. Tierschutzgesetz verboten.
Krankheitssymptome: Verändertes Verhalten (Apathie, Eßunlust, Harnverhalten usw.) und verändertes Aussehen (gesträubtes Fell, sichtbare Nickhaut, tränende Augen, Speicheln usw.). Sofort Temperatur messen (s. Fieber). Tierarzt!
Kratzbaum: Kletterbaum. Mit Hanfseil dicht umwickelter Stamm mit gut erreichbaren Sitzbrettern.

Kratzbrett: Mit Sisal- oder Nadelfilzteppich bespannt, schräg aufgestellt (Größe mindestens 30×80 cm). Wichtig für Krallenpflege und seelisches Wohlbefinden der Katze.
Kreuzung: Paarung von Individuen verschiedener Arten, Gattungen, Familien oder Rassen einer Art, um neue Rassen, neue Farbschläge bestehender Rassen oder ihre Umformung zu erwirken (s. Hybrid).
Kryptorchismus: Zurückbleiben eines (Monorchismus) oder beider (Anorchismus) Hoden in der Bauchhöhle. Rezessiv vererbbar.
Kuder: Waldwildkater (Felis silvestris silvestris).
Lebensalter, Lebenserwartung: Abhängig von Haltung, Pflege, Ernährung. Durchschnittsalter frei lebender Katzen heute nur 2 – 5 Jahre (normales Alter ca. 15 Jahre!).
Lebensversicherung: Bei käuflich erworbenen Katzen angemessener Kaufpreis (höhere Wertschätzung). Heute außerdem Rassekatzenversicherung verschiedener Versicherungsgesellschaften.
Linienzucht: Inzuchtmethode zur Festigung erwünschter Erbeigenschaften in bestimmten Zuchtlinien (s. Selektion).
Maske: Kräftig gefärbte Gesichtszeichnung verschiedener Rassen (z. B. Siamesen) bei schwächerer Körperpigmentierung (s. Points). Meist durch Linien mit den Ohren verbunden. Ausdehnung nur bis zum Oberkopf erwünscht.
Medaillon: Weißer Kehlfleck. Geringe Form von Weißscheckung.
Medikamente: Für Mensch oder Hund bestimmte Arzneien sind bei Katzen oft von gegenteiliger oder tödlicher Wirkung. Gefährlich sind z. B.: Aerosole, ätherische Öle, Aspirin®, Beruhigungsmittel, Fungizide, Insektizide, Perubalsam, Phenole, Teerpräparate (z. B. Ichthyolsalbe, auch Seifen). Stets erfahrenen Kleintierpraktiker befragen (s. Gifte).
Eingeben von Medikamenten: Tabletten, Pillen, Kapseln mit stumpfer, langer Pinzette nach Befeuchten hinten auf Zunge legen, Kiefer schließen, Kehle bis zum Schlucken leicht streicheln. Auflösen von pulverisierten Tabletten in ½ TL. Wasser (mit Traubenzucker gesüßt), Einflößen von der Seite zwischen die Lippen mittels Plastikspritze. Zuweilen vorheriges Einwickeln des Patienten in feste Decke unerläßlich! Gelees, Pasten usw. direkt auf Zunge, Lippen oder Pfötchen streichen.
Mikrosporie: Ringflechte, Ringworm. Auf Hund, Mensch oder Katze übertragbare, langwierige, meldepflichtige Pilzerkrankung. Erreger: Microsporon canis. Bei Haarausfall sofort Tierarzt!
Milchtritt: Kneten („kneteln“) der mütterlichen Zitzen zur Anregung des Milchflusses mit den Zehen der Vorderpfoten. Im späteren Alter Ausdruck äußersten Wohlbehagens.
Modifikatoren, Modifikationsgene: Erbanlagen, die verschiedenartige Abstufungen von Erbeigenschaften bewirken (z. B. polymere Gene).
Mutation: Durch verschiedene Ursachen auftretende, oft erbliche Änderung innerhalb der Zellen.
Nackenbiß: 1. Dient dem Transport von Jungtieren durch die Mutter. Löst Tragstarre aus. 2. Griff des Katers während der Paarung (s. d.). In beiden Fällen Beißhemmung! 3. Tötungsbiß; muß durch Erfahrung erlernt werden.
Nasenspiegel: Nasenkuppe. Meist kühl und feucht. Färbung in vielen Rassestandards vorgeschrieben.
Nickhaut: Drittes Lid. Bedeckt bei drohender Gefahr, Verletzung, Ermüdung, Erschlaffung oder Austrocknung des Organismus im Krankheitsfall vom inneren Augenwinkel her das Katzenauge.
Ovulation (lat. ovum = Ei): Eisprung; 24 – 30 Stunden nach Paarung (s. d.) verläßt das reife Ei einen der beiden Eierstöcke. Befruchtung 1 – 2 Tage später, also 2 – 3 Tage nach Paarung (s. Trächtigkeit). Unterbleibt Befruchtung, folgt Scheinträchtigkeit.

Paarung: Deckakt, Belegen. Dient der Begattung (s. a. Brunst, Rolligkeit). Sollte erstmals nach Abschluß des körperlichen Wachstums und nicht öfter als dreimal innerhalb von 2 Jahren erfolgen. Regelung der Formalitäten durch Zuchtrichtlinien der Verbände.

Panleukopenie: „Katzenseuche". Stark ansteckende Viruserkrankung. Symptome variabel; Erbrechen, Durchfall, Apathie, Durst bei Flüssigkeitsverweigerung, Fieber. 90% der Fälle ohne Schutzimpfung (s. d.) tödlich. Sofort Tierarzt!

Particolor: Teilfärbung des Haarkleides. Bicolor = zweifarbig, d. h. weiße Scheckung mit einer Farbe. Tricolor = dreifarbig, d. h. weiße Scheckung mit zwei Farben (z. B. Calico).

Peitschenschwanz: Schwanzform vieler schlanker Katzenrassen. Dünne, schmale Schwanzwurzel, fein auslaufende Spitze.

Pet (engl.; household-pet): Verhätscheltes, geliebtes Stubentier.

Phänotypus (gr. phainomai = ich erscheine): Erscheinungsbild eines Lebewesens, geprägt durch den Genotypus (s. d.) im Zusammenspiel mit Umwelteinflüssen (Erscheinungsbild = Erbbild + Umwelt).

Pinch (engl. = Kniff; „whisker break"): Eingezogene Wangen bei extrem langem Gesichtsschädel. Meist unerwünscht.

Points (engl. = Spitzen): Abzeichen (Maske, Ohren, Beine, Schwanz) kräftiger pigmentiert als das übrige Haarkleid (s. a. Akromelanismus).

Polydactylie: Mehrzehigkeit. Bekannte Mutation bei verschiedenen Lebewesen.

Puls: An der Innenseite der Oberschenkel zu ertasten. Im Ruhezustand 110 bis 170 Schläge pro Minute.

Qualifikation: Bewertung auf Ausstellungen (s. d.) durch anerkannte Zuchtrichter. Noten: Vorzüglich, sehr gut, gut (s. CAC).

Quarantäne: Isoliermaßnahme gegen Verbreitung infektiöser Erkrankungen (z. B. bei Tollwutverdacht).

Räude: Milbenerkrankung (z. B. Notoedres-Milbe bei Ohrräude). Juckreiz, Schorfbildung. Tierarzt konsultieren!

Rasse: Gruppe von Einzelwesen innerhalb einer Art mit ähnlichen, auf Nachkommen vererbbaren Eigenschaften (Größe, Stimme, Fellfarbe usw.).

Reisekrankheit: Bei Katzen selten. Vorbeugung: Vier Stunden vor Reiseantritt letzte Mahlzeit. Beruhigungsmittel für den Notfall nur vom Tierarzt verordnen lassen.

Revierverhalten: Kennzeichnung des eigenen Territoriums mit Duftmarken (Urinspritzer). Eindringlinge werden vielfach als Rivalen abgewehrt.

Rexfell: Gewelltes oder gelocktes Haar, verursacht durch rezessive Mutation. Ganz oder teilweise fehlendes Deckhaar (s. d.).

Rezessiv verhält sich eine Erbanlage in der Regel dann, wenn ihre Wirkung bei Mischerbigkeit im Erscheinungsbild nicht erkennbar ist (s. Dominant).

Rhinotracheitis: Katzenschnupfen. Ansteckende Infektionskrankheit. Ursachen vielgestaltig. Inkubationszeit 10 – 14 Tage. Symptome: Apathie, Niesen, Augentränen, Appetitmangel, gesträubtes Fell, Fieber. Unverzüglich Tierarzt!

Rolligkeit (s. a. Brunst): Schreien, Wälzen, Querstellen des Schwanzes bei Kätzinnen, ausgelöst durch Hormone (Östrogen), periodisch alle 2 – 3 Wochen. Im Beisein des Katers Dauer 3 – 4 Tage (s. Ovulation). Sonst 5 – 10 Tage. Paarung (s. d.) mehrere Male innerhalb dieser Zeit. Kätzinnen ohne Katergesellschaft wählen gerne Ersatzpartner.

Rumpy (engl.): Absolut schwanzlose Manxkatze (s. a. Stumpy).

Scheckung: Unterschiedlich ausgebildet. Erstreckt sich vom weißen Kehlfleck bis zu völliger Weißfärbung des Haarkleides.

Schnurren, Spinnen: Im Kehlkopf erzeugte Vibration verschiedener Stärkegrade. Fähigkeit oft schon unmittelbar nach der Geburt entwickelt. Motive verschiedenartig. In erster Linie Ausdruck entspannten Wohlbehagens und/oder freundlicher Zuneigung. Großkatzen (Pantherinae) schnurren nicht.

Schutzimpfung: Vorbeugende Immunisierung ab 7. Lebenswoche gegen Tollwut und – je nach Impfstoff– mit 8 und 10 oder erst mit 12 Wochen gegen Panleukopenie (s. d.). Regelmäßige Wiederholung. Impfpaß (s. a. Entwurmung).

Selektion: Zuchtwahl. Züchterische Auslese bestimmter Eigenschaften. Förderung erwünschter, Ausmerzung unerwünschter Merkmale.

Skarabäus-Zeichnung: Ausdrucksvolle, feingestreifte „Mimikzeichnung" auf der Stirn von Agoutikatzen.

Smoke (engl. = Rauch): Ohne Agouti im Erbbild. Heller Fellgrund, pigmentierte Haarspitzen. Reizvoller Farbschlag bei sämtlichen Rassen.

Spielzeug: Beuteersatz. Gefährlich sind: Zu kleine Gegenstände (Perlen u. ä.), Gummi, Weichplastik, Stanniol, Wolle, Fäden.

Standard: Bewertungsmaßstab für Rassekatzen auf Ausstellungen (s. d.). Wird von Dachorganisationen aller Erdteile zusammen mit Punktskala erarbeitet.

Sterilisation: Unfruchtbarmachung durch Teilentfernung oder Unterbindung von Eileitern oder Samensträngen (s. a. Kastration).

Stichelhaare: Einzelne weiße, abgestorbene oder pigmentgestörte Haare im Fell dunkel pigmentierter Katzen.

Stop: Absatz zwischen Stirn und Nasenrücken. Bei einigen Rassen besonders markant (Perser, Exotic Shorthair, Devon Rex).

Streicheleinheiten: Scherzhafte Bezeichnung der zum Wohlbefinden einer Katze erforderlichen menschlichen Zuwendung.

Streß: Durch ungewohnte Situationen (Ausstellungen, Reisen, Rivalen) verursachte Beschleunigung des Stoffwechsels. Infektionsbereitschaft des Organismus ist erhöht.

Stumpy (engl.): Bezeichnung für Manxkatzen mit Stummelschwanz.

Tabby (engl.): Dunkles Zeichnungsmuster auf wildfarbenem, hellerem Fellgrund. Tigerung, Streifung = mackerel tabby; Tupfung = spotted tabby; Stromung, Räder- oder Marmorzeichnung = blotched tabby; Abessiniertabby = ticked tabby.

Tapetum lucidum. Phosphoreszierende Schicht im Augenhintergrund. Dient der Lichtausnutzung durch Lichtreflexion.

Teil-Albino: Katzen mit blauen Augen und Points (s. d.), z. B. Siamesen.

Tortoiseshell (engl.): Schildpatt, Tortie. Mehrfarbiges (z. B. schwarz-rot-creme) gefärbtes Fell weiblicher Katzen. Bei Katern selten.

Trächtigkeit: Tragzeit, Schwangerschaft. Bei Hauskatzen 63 – 68 Tage, bei Wildkatzen je nach Art oft länger (s. Ovulation).

Trocken: In der Tierzucht Bezeichnung für eng anliegende Haut ohne Fettpolster. Muskelspiel sichtbar (z. B. bei Katzen der Schlankform).

Trockenfutter: Konzentrierte Fertignahrung. Verabreichung sollte sparsam erfolgen. Auf genügend Flüssigkeitszufuhr achten!

Unterwolle: Wollhaar, Daunenhaar. Bildet wärmenden Fellgrund. Je nach Rasse verschieden stark entwickelt.

Vergiftung: Appetitlosigkeit, Erbrechen, Durchfall oder Verstopfung, selten Fieber. Unverzüglich Tierarzt! (s. Gifte, Grünpflanzen). Für Entleerung von Magen und Darm sorgen!

Vogelschutz: Laut Tierschutzgesetz dürfen Katzen vom 31. März bis 31. August sowie bei Schneewetter nicht unbeaufsichtigt im Freien angetroffen werden. (Regelung regional unterschiedlich.)

Waschbärenzeichnung, Harlekinzeichnung: Wenig pigmentierte, gestreifte Gesichtsmaske junger Smoke-Katzen (s. d.) aller Rassen.

Wildfleck, Augenfleck (engl. thumb-mark): Heller runder Fleck auf der Ohrrückseite

von Wildkatzen und Agouti-Hauskatzen. Nach vorn gerichtet signalisieren sie „Alarm".
Wurf: Nest, Geheck (engl. litter). Gesamtheit der von einer Kätzin zum gleichen Zeitpunkt geborenen Jungen.
Zitzen: Mütterliche Milchquellen. Bei Hauskatzen in der Regel 2 brust- und 2 bauchständige Paare. Pflege besorgt Kätzin selbst! Jungkatzen bevorzugen meist wochenlang die gleiche Zitze („Zitzenpräferenz").
Zucht: Gezielte Paarung (s. d.) zuchtgeeigneter Eltern, um deren Vorzüge bei den Nachkommen womöglich im positiven Sinne zu steigern (s. Selektion). Vorbedingungen: Fingerspitzengefühl, Erfahrung, genetische Kenntnisse.
Zuchtkater: Deckkater (engl. stud). Kater mit vorzüglichen Rassemerkmalen. Falls im Zuchtkaterverzeichnis eines Verbandes benannt, steht er Kätzinnen von Verbandsmitgliedern gegen Gebühr zur Verfügung. Zwischen zwei Besuchen von Kätzinnen sollte ein Abstand von ca. 8 Tagen liegen, da Zeugungsfähigkeit des Katers begrenzt.
Zuchtkätzin (engl. queen): Zuchtgeeignete, wesensstarke Kätzin. Paarung mit vorzüglichem Partner der gleichen Rasse frühestens mit 1 bis 1½ Jahren. Ziel der Zucht: Vervollkommnung der Rasse, nicht sinnlose Vermehrung!
Zuchtverband, Katzenclub: Zusammenschluß gleichgesinnter Katzenfreunde. Ziel der Interessengemeinschaft: Förderung des allgemeinen Verständnisses für Katzen, ihrer Reinzucht und sachgemäßen Haltung sowie Verhinderung von Mißbrauch und Mißhandlung von Katzen durch entsprechende Aufklärung in Verbandszeitschriften.
Zwinger (engl. cattery): 1. Vom Zuchtverband anerkannte Zuchtstätte eines Züchters. Für Nachwuchs ist Zwingername zu beantragen, der geschützt wird. 2. Geräumiger, heller, katzengerecht mit Kletterbaum oder Kratzbrett, Heizung, Lager, Toilettenschale, Gras usw. eingerichteter, gut zu säubernder Daueraufenthalt für Katzen (z. B. *Zuchtkater*) mit anschließendem, allseits verdrahtetem Freigehege (Auslauf).

Literaturhinweise

Gleichauf, Robert: Züchtungs- und Vererbungslehre für Geflügelzüchter. Berlin 1972
Leyhausen, Paul: Verhaltensstudien an Katzen. Hamburg 1973
Petzsch, Hans: Die Katzen. Melsungen 1968
Robinson, Roy: Genetics for Cat Breeders. Kronberg/Ts. 1971
Schultz-Roth, Ulla: Ullstein Katzenbuch. Berlin 1975
Snyder, Laurence H./Lehmann, Wolfgang: Grundlagen der Vererbung. Frankfurt 1955
Thies, Dagmar: Katzenhaltung – Katzenpflege. Stuttgart 1976
Thies, Dagmar: 62 Katzen in Farbe. Stuttgart 1975
Wolff, Rosemarie: Katzen – Verhalten, Pflege, Rassen. Stuttgart 1970
Wolff, Rosemarie/Braemer, Helga: Rassekatzen. Stuttgart 1973

Zeitschriften
Bunte Tierwelt. Hamburg
Cats Magazine. Lincoln/Nebrasca, USA
Cat World Magazin. Littleton/Colorado, USA
Das Tier. Bern und Stuttgart
Die Edelkatze. Wiesbaden
Katzen. Köln
Unsere Katze. Wiesbaden

Schlüssel

Abessinier
Bild 18, 19
Text S. 44

American Shorthair
Bild 20
Text S. 44

Birma
Bild 24
Text S. 48

American Wirehair
Bild 21
Text S. 45

Bombay
Bild 25
Text S. 48

Balinese
Bild 23
Text S. 46

Burma
Bild 26 – 28
Text S. 49

Exotic Shorthair
Text S. 55

Chinese Harlequin
Bild 29
Text S. 50

Egyptian Mau
Bild 31
Text S. 51

Europäisch Kurzhaar
Bild 32 – 39
Text S. 52

Cymric
Bild 30
Text S. 50

Havana Brown
Text S. 55

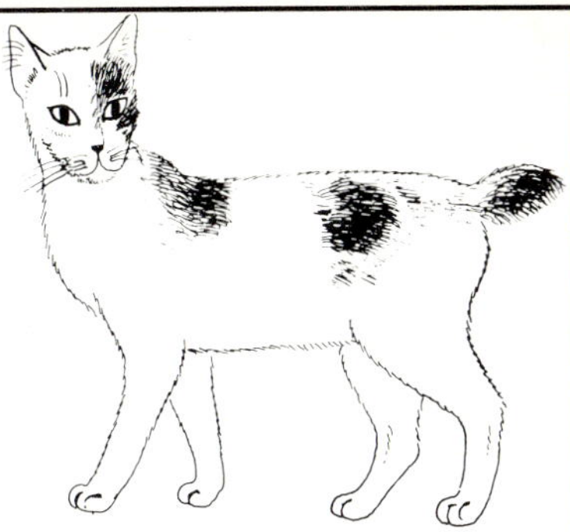

Japanese Bobtail
Bild 40
Text S. 56

Korat
Bild 41
Text S. 57

Manx
Bild 42
Text S. 59

Maine Coon
Bild 43
Text S. 57

Norsk Skaukatt
Bild 44
Text S. 59

Ocicat
Text S. 59

Orientalisch Kurzhaar
Bild 45 – 52
Text S. 60

Ragdoll
Bild 71
Text S. 68

Perser
Bild 53 – 70
Text S. 63

Rex, Devon
(Rex, Gen II)
Bild 74
Text S. 70

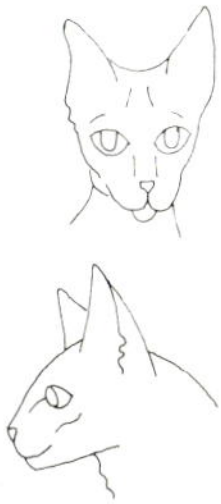

Rex, Cornish
(Rex, Gen I)
Bild 72, 73
Text S. 69

Scottish Fold
Bild 76
Text S. 71

Russisch Blau
Bild 75
Text S. 71

Siam
Bild 77 – 82
Text S. 72

Sphynx
Bild 84
Text S. 76

Tonkinese
Bild 85
Text S. 76

Somali
Bild 83
Text S. 74

Turkish Angora
Bild 87
Text S. 78

Türkische (Van) Katze
Bild 86
Text S. 77

Register

Die Bildhinweise beziehen sich auf den Farbtafelteil Seite 81 – 120. Begriffserläuterungen s. a. unter „Kätzisches in Kürze“, Seite 121 ff.